기획이란 단 하나의 질문,
단 하나의 목적, 단 하나의 목표에 대한 답을 찾는 것이다.
최고의 기획서는 최고의 질문을 해결해 준다.

차별화하려면 지식의 저주에서 벗어나야 한다.
기존의 지식과 전문성은 새로운 길을 과소평가하기 쉽다.
가끔은 오랜 경험과 노하우라는 단단한 껍질을 깨부수고
반대 방향으로 기수를 돌릴 용기가 필요하다.

지루한 글은 기획서의 적이다.
상대방을 지루하게 만들어서는 무조건 실패다.
금기, 욕망, 삐딱함, 돌발적 역린을 건드려라.
기획자는 금기를 깨는 선구자가 되어야 한다.

포커스포럼

기획 전문가가 되고 싶은가요?
기획자들의 커뮤니티에 함께 하시겠어요?
기획 전문가의 도움이 필요하세요?

포커스포럼에 들어오시면 모든 것이 해결됩니다.

더플래닝

더플래닝

펴낸날 2023년 11월 10일 1판 1쇄

지은이 박성후, 나석규
펴낸이 김영선
편집주간 이교숙
책임교정 정아영
교정·교열 나지원, 이라야, 남은영
경영지원 최은정
디자인 바이텍스트
마케팅 조명구

발행처 ㈜다빈치하우스-미디어숲
출판브랜드 더페이지
주소 경기도 고양시 덕양구 청초로 66 덕은리버워크지산 B동 2007호~2009호
전화 (02) 323-7234
팩스 (02) 323-0253
홈페이지 www.mfbook.co.kr
출판등록번호 제 2-2767호
값 18,800원
ISBN 979-11-5874-204-1 (03300)

㈜다빈치하우스와 함께 새로운 문화를 선도할 참신한 원고를 기다립니다.
이메일 dhhard@naver.com (원고 투고)

기획은 하나의 질문을 통해 새로운 길을 찾는 것이다

THE PLANNING

더플래닝

박성후
나석규
지음

강력하고 간결한 기획서를 위한 포커스 로직 5단계

내 기획서의 가치가 10배 올라간다

더페이지

추천사

이 책의 원고를 받아들고 첫 페이지부터 큰 충격을 받았습니다.

"기획은 하나의 질문을 통해 새로운 길을 찾는 것이다."

"질문의 수준이 기획의 질을 결정한다."

원고를 읽으며 1979년 삼성전자 기획실로 발령받은 날부터 40여 년간 기획 전략 혁신 전문가의 삶을 살아오며 경험했던 수많은 시행착오를 돌이켜보게 되었습니다.

사람들은 나를 한국의 잭 웰치, 혁신의 전도사, 삼성을 세계 초일류 기업으로 이끈 CEO 중 한 사람으로 말하지만 솔직히 말하자면, "처음부터 이 책을 읽을 수 있었다면…", "이 책에서 언급하는 더 나은 질문을 할 수 있었다면…" 생각할수록 안타깝다는 생각이 한두 가지가 아니었습니다.

이 책은 누구도 거절할 수 없는 기획을 위한 사고법을 알려 주는 최고의 바이블입니다.

세계 최고의 기획자들은 하나의 질문에서 출발하여 체계적인 사고 프로세스에 따라, 구도자의 마음으로 기획을 하여 성과를 창출합니다. 뜻을 가진 사람들이 이들의 사고 프로세스를 배우고 익히면, 큰 바위 얼굴처럼 훌륭한 기획전문가로 나아가 존경받는 리더로 발전할 것이라 믿습니다.

21세기는 창조적 혁신, 융합 창조의 시대입니다. 전략 창조 기획을 위한 '더플래닝의 사고 프로세스'가 운명을 결정하게 될 것이라고 생각합니다.

그러므로 이 책은 기획, 전략 전문가만이 아니라 기업이나 조직의 리더,

최고경영자들의 필독서가 되어야 할 것입니다. 뿐만 아니라 인류 행복에 이바지하는 행복한 미래를 꿈꾸는 젊은이들에게 꼭 권유하고 싶습니다.

'생각'이 바뀌면 '운명'이 바뀐다고 합니다. 많은 인재들이 『더플래닝』의 사고 프로세스로 운명을 바꾸게 되기 바랍니다.

〈손욱_前농심 회장, 삼성전자 부사장, 삼성SDI 사장, 삼성종합기술원장〉

이어령 박사님과 대담을 할 때 이런 질문을 던졌다.

"천재는 99%의 노력과 1%의 재능에 의해서 이루어진다는데, 박사님은 1%의 재능이 무엇이라 생각하십니까?"

그때 이어령 박사님은 "진정한 천재의 특출한 재능은 '질문'하는 능력이라고 확신한다."라고 하셨다.

"기획의 본질은 무엇인가?", "질문은 어디에서 만들어지는가?"

바로 이 질문에서 『더플래닝』이 시작된다.

T.S.엘리오트는 인간의 재능은 모방에서 나온다고 하였다. 진정한 모방은 질문으로부터 만들어진다. 즉, 질문은 영감을 얻기 위한 프레임frame을 만드는 것이다. 이게 바로 천재를 만드는 1%의 재능이다.

이 책은 매우 놀라운 영감을 주는 책이다. 많은 독자들이 자기 인생에 기적을 만들 수 있는 영감을 얻기를 바란다!

〈라종억_통일문화연구원 이사장〉

세종실록에 보면 'ㅇㅇ待問'이라는 구절이 많이 나온다. 그 말은 집현전 학자들이 세종의 질문을 기다리면서 항상 긴장을 늦추지 않았다는 의미일 것이다. 이 책에서 주는 많은 메시지가 있지만 결국은 질문의 중요성 즉, 'Why'에 대한 생각의 근육을 키워야 한다는 것이다. 이 책은 그런 질문과 단순화시키는 생각의 근육을 키우는 데 더 이상 좋을 수가 없는 것 같다. 이 책이 출간되면 회사의 '독서토론회'에 추천할 생각이다. 정독을 해 보는 것만으로도 공부가 되었다.

〈DGB생명_김성한 대표이사〉

'기획'이란 특정 목표를 달성하기 위해 전략적으로 구성된 계획이나 방안을 만들고 실행하는 과정이다. 하지만 좋은 기획을 위해 구체적으로 생각하는 방법을 알려 주는 책을 찾아보기는 쉽지 않다.

일반적으로 기획을 다루는 책들은 논리, 기술, 디자인, 형식, 전략·전술 등을 말하지만, 이 책은 더 깊게 들어간다. '문제의 본질, 다른 생각, 압도적인 차별화'를 위한 근본적인 발상의 전환 등을 질문에서 시작해서 답을 찾아내고 있다. 답을 던지는 것이 아니라 질문을 생각하게 한다. 이것은 엄청난 차이다. 진정한 고수들의 사고법을 기획에 적용하도록 안내하는 책이다.

더 높은 가치를 창출하기 위해 고민하는 이들이라면 무조건 『더플래닝』을 필독해야 하며, FOCUS 마스터 로직을 적용하여 성공적인 기획을 하시기를 기원한다.

〈이남식_인천재능대학교 총장〉

"꿈과 현실을 연결해주는 다리는 무엇으로 어떻게 만들어질까?", "왜? 무엇을 위해 만들어야 할까?", "기획의 본질은 무엇인가?"라는 질문에서 짚어지는 맥박입니다.

목적은 세우는 데 실행 계획을 구체화하지 못하거나, 맥락을 잡지 못하고 방황하는 경우를 많이 보게 됩니다. 희망 고문으로 꿈을 지우는 현실에서 우리가 건축해야 할 다리는 '기획(력)'입니다.

현실은 끊임없이 자극과 압력을 가하고 위협하거나 기회를 열면서 진화합니다. 우리가 자극과 압력에 반응하는 데서 그치지 않고, 대응하는 것이 기회를 건축하는 다리인 '기획(력)'입니다.

진정한 가치는 차별화에서 비롯됩니다. '차별화를 어떻게 할 것인가? 어디서 시작해서 무엇을 찾아낼 것인가?', 이 질문은 모든 기획자의 근본적인 숙제이자 탐험의 영역입니다. 같은 현실의 여건과 조건에서 차별성을 조합하는 다리와 같습니다.

이 책은 이러한 질문에 대한 해법을 바로 '질문' 그 자체에서 찾아야 한다고 말합니다. 질문 자체가 차별화를 위한 탐색의 시작이고 찾아내야 할 '무엇'이라고 이해할 수 있도록 이끌어줍니다.

요즘 현대의 경영 전략에서 인문학이 매우 중요한 원천으로 재발견되고 있습니다. 사람들이 무엇을, 언제, 어디서, 어떻게, 왜, 무엇을 위해 하는지를 짚고 되짚어보는 인문학이 생산과 유통과 소비의 경영에서 성찰되는 것은 너무나도 당연한 귀결일 것 같습니다.

"기획은 하나의 질문을 통해 새로운 길을 찾는 것이다."라고 정의하는 『더플래닝』은 기획의 본질, 즉 꿈과 현실의 다리를 정확하게 꿰뚫고 있으며, 기획의 고수만이 느낄 수 있는 향기가 담겨 있습니다. 상황에 따라 적절히 사용할 수 있는 수많은 질문을 통해 자신의 기획 수준을 한 차원 높여줄 수 있는 방안을 깨달을 수 있도록 도와줍니다.

〈김성제_現)대한영문학회 학회장, 前)한양사이버대학교 부총장〉

현대과학의 흐름을 바꾼 시대의 아이콘은 알버트 아인슈타인일 것이다.

가끔 '그의 위대한 생각은 도대체 어디서 나왔을까?' 하는 궁금증이 생기곤 한다. '원래 그 사람은 천재인가? 우리 같은 보통 사람은 그런 새로운 생각을 왜 못하는 것일까?' 하는 범인들의 궁금증이다.

아인슈타인은 이런 말을 했다.

"나에게 1시간이 주어진다면, 문제가 무엇인지 이해하는 데 55분을 쓰고, 나머지 5분만 답을 찾는 데 쓸 것이다."

이 말을 곰곰이 생각해 보면, 문제를 정확히 혹은 새롭게 파악하여, 문제를 해결하는 방향성을 다른 렌즈로 본다는 의미이다. 심리학에서는 습관을 버리고 창의적 생각을 하는 것은 바로 새로운 프레임을 찾는 과정이 우리의 선택과 판단, 의사결정에서 가장 중요하다고 설명하고 있다.

나는 이 책에서 기획의 본질은 바로 '질문'을 통해 '문제'를 바라보는 새로운 방향성을 찾는 과정이라는 것을 또 한 번 알게 되었다. 이러한 다양한 질문이라는 렌즈로 세상의 문제를 바라보는 것이 기획의 본질이라는 것이다.

저자들의 다양한 경험과 지식에 기반해 새로운 프레임으로 문제와 상황을 이해하여 새로운 비즈니스 모델을 도출하고, 새로운 사업을 만들어 내는 그 힘을 느껴 보시길 권한다.

이 책을 하나의 체크리스트처럼 사용하여 자신의 습관적 기획 방식에서 벗어나 새로운 기획 프레임을 만들기 위한 하나의 도구로 사용한다면, 우리는 모두 51%의 성공은 담보할 수 있을 듯하다. 그 엄청난 1%의 차이를 느껴 보시길 권한다.

〈류호경_한양대학교 기술경영전문대학원장〉

오래전부터 동서양을 불문하고 '질문'은 인문학 공부의 주춧돌이었다. 근본을 탐구하는 모든 사람의 화두는 '어떤 질문을 가지고 갈 것인가?'였다. 그리고 질문이 또 다른 질문으로 계속 이어지는 사고법을 통해 근본적인 답을 찾아냈다.

현대 경영학에서도 질문의 힘은 여전히 살아 있다. 피터 드러커, 잭 웰치, 이건희 등 세계적인 경영 구루들의 가장 강력한 무기는 질문이며, 질문

능력이 곧 경영 능력이라고 해도 과언이 아니다.

『더플래닝』은 질문의 힘을 기획력으로 잘 연결하여 설명해준 놀라운 책이다. 지금까지 이렇게 질문을 기획에 연결해서 설명한 책은 보지 못했다. 사회생활을 하는 어떤 이든 누구에게나 절대 후회하지 않을 명저라고 자신 있게 추천한다.

〈오명훈_UT CFO〉

오랫동안 전략기획 업무를 해오며 '어떻게 하면 기획을 잘할 수 있을까?' 늘 고민해왔다. 관련 자료와 도서는 많았지만, 기획의 본질을 쉽고 명쾌하게 알려 주는 책에 대한 목마름이 항상 있었다.

『더플래닝』은 기획의 핵심 가치와 최고의 실행 방법을 담백하면서도 간결하게 설명해, 초보자부터 경험이 많은 관리자까지 모두에게 도움을 주는 최고의 지침서이다. 특히 기획서의 수요자가 누구이고, 기획서를 쓰는 본질적인 이유가 무엇인지가 잘 드러나 있어, 기획에 앞서 우리의 사고가 입체적이고 풍부해지도록 도움을 준다. 무엇보다 실제 업무 현장에서 활용할 수 있는 실용서로써 가치가 높다. 다양한 사례를 포함하고 있고, 여러 방법을 제시해주기 때문에 비즈니스를 하는 사업가에게도 유용한 실무서라고 할 수 있다.

기획전문가인 박성후 작가와 기업을 경영하는 나석규 대표. 두 저자의 만남이 이론과 실제를 조화롭게 갖춘 최고의 기획 실무서를 탄생시켰다. 기획을 잘하고 싶은 모든 이에게 이 책을 권하고 싶다. 이 책을 통해 자기계발과 기획력 향상이라는 두 마리 토끼를 잡을 수 있을 것이다.

〈김상길_한국산업기술진흥협회 본부장〉

본질이
무엇인지 물어라

당신은 지금 천 길 벼랑 끝에 서 있다.

이제 한 발만 더 내디디면 자신의 삶은 허공에 흩어지고 모든 것이 끝난다. 이렇게 생존의 기로에 서서 모든 것을 포기하려는 사람들은 어떤 생각을 할까? 그동안 해왔던 일들을 더 열심히 잘 해내지 못했던 걸 후회할까? 아니면, 자신의 삶에 대한 근본적인 가치를 돌아보게 될까? 당연히 후자다.

> "가장 소중했던 것은 무엇이었나?"
> "어떤 것에 나의 삶을 집중해야 했나?"
> "나의 삶이 여기서 끝난다면 무엇이 남을까?"

"나를 기억해 줄 사람은 누구일까?"

"나의 가장 결정적인 잘못은 무엇이었나?"

"여기서 끝을 낸다면 가장 큰 상실은 무엇인가?"

지나온 삶이 한순간 파노라마처럼 지나가며 온갖 후회와 절망감이 가슴을 후벼 판다.

"다시 돌이킬 수 있을까?"

"원점에서 다시 시작할 수 있다면 나는 무엇을 할 것인가?"

"새로운 선택을 할 수 있다면 어떤 결정을 할 것인가?"

"무엇에 내 삶을 올인할 것인가?"

"어떤 실수를 만회하고 싶은가?"

자신이 절망의 벼랑 끝에 서 있다고 가정하면 모든 생각이 뒤집힌다. 본질적인 것이 무엇인지, 근본적인 문제가 무엇인지 알게 된다. 그리고 비로소 가장 중요한 질문을 하게 된다.

그때가 현명한 사고를 하는 순간이다. 우리는 너무나 절실하고 간절할 때 진실을 발견한다.

'기획'이란 바로 이런 벼랑 끝에 서서 다른 질문을 생각해 내고 전혀 다른 길을 찾아내는 것이다. 다른 길은 다른 질문을 던질 때 비로소 발견할 수 있다. 다른 질문은 절실해야 발견된다. 상황이 달라지면 같은 질문이라도 다른 의미가 된다. 아무것도 아니었던 질문이 벼랑 끝에서는 엄청난 영감을 주는 질문으로 바뀐다.

인간의 본성은 게으르고 깊이 생각하기를 싫어한다. 본질을 이해하려고 노력하기보다 겉으로 드러난 것으로 판단한다. 다르게 생각하기보다 다른 사람의 생각에 동조하길 좋아한다. 그래서 남들이 이미 지나간 길을 편안하게 뒤따르는 것을 선택하기 일쑤다. 다르게 말하는 것은 상당한 용기가 필요한 일이다.

다른 질문은 감춰진 영감을 자극하고 다른 해석은 새로운 발견을 가져온다. 기획이란 남들이 가지 않은 길을 선택하는 행위다. 기존의 해석을 비틀고 뒤엎고 다른 색을 입혀서 다른 개념으로 재정의하는 것이다. 남들이 세워 놓은 공든 탑을 주저 없이 허물어뜨리고, 심지어 내가 해왔던 길을 파괴하고 부정해야 새로운 가치를 만들어 낼 수 있다.

기획의 본질, 그것은 하나의 질문을 통해 새로운 길을 찾는 것이다. 질문을 통해 관점을 바꾸고, 다른 생각으로 다른 목표를 설계하는 것이다.

질문은 기획의 목표인 게임의 룰을 바꿔 놓는다. 어떤 답을 얻을 것인지는 어떤 질문을 던지느냐에 달렸다. 질문은 우리가 상상하는 것 이상으로 강력한 힘을 발휘한다.

질문으로 시작해서 질문으로 끝나는 것이 기획이다. 무한한 가능성을 탐색하고, 새로운 길을 찾아내는 것은 오직 질문을 통해야만 가능하다. 로직은 단순할수록 효율성이 더 높아진다. 질문은 목표를 향해 가는 가장 단순한 길을 찾게 해 준다.

세상에서 가장 어리석은 행동은 질문을 외면한 채 답을 찾으려고 애쓰는 것이다. 기획은 답이 아니라 오히려 진실을 찾아야 하는 일이다.

　세상은 흑백이 아니라 무지개색이다. 무수한 색이 조합되는 창조
의 세계가 기획의 진짜 모습이다. 무한한 가능성 속에서 조금이라
도 더 나은 길을 탐색하는 것이다. 남들이 만들어 놓은 길에서 벗어
나 스스로 구별 짓고 차별화해야 한다. 다른 질문으로 재창조, 재해
석하는 것! 그것이 기획의 출발점이다.

　"우리는 질문의 힘을 믿어야 한다!"

저자 박성후, 나석규

차례

1장 / 기획은 하나의 질문에 답하는 것이다

2장 / 진짜 최고들은 다른 것을 본다

3장 / **거절할 수 없는 기획의 비밀**

4장 / **기획의 마스터 로직 FOCUS 5단계**

1장
기획은 하나의 질문에 답하는 것이다

THE

PLAN

NING

기획이란 무엇인가?

형식을 갖춰 논리를 만드는 것이 아니다.

질문을 통해 하나의 답을 찾는 것이다.

하나의 답을 찾아내기 위해서는

하나의 질문으로 시작되어야 한다.

고로, 기획은 단 하나의 질문을 찾아내는 데서 출발한다.

단 하나의 질문은 기획의 나침반이다.

질문 없이 기획을 하는 것은

목적지를 정하지 않고 항구를 떠나는 배와 같다.

단 하나의 질문을 어떻게 찾아낼 수 있는가?

무엇을 묻고 답해야 하는가?

질문의 수준이 기획의 질을 결정한다.

기획은
"왜?"에서 출발한다

기획의 90%는 질문이다

"만약 지구가 태양 주위를 돈다면?"

지구를 중심으로 우주가 회전한다는 천동설이 지배하던 시절, 이 질문은 우주와 인간과의 관계를 새롭게 발견하고 수천 년간의 고정관념을 깨버렸다.

"만약 내가 전자라면?"

미국의 이론물리학자 리처드 파인만의 이 질문은 양자물리학의 혁명을 가져왔다.

"만약 내가 빛의 입자가 되어 우주를 달린다면?"

이 질문은 아인슈타인이 시간과 공간은 속도에 따라 상대적이라는 상대성 원리를 발견하는 단초가 되었다.

하나의 질문은 우주와 원자를 바라보는 인류의 관점을 바꿔 놓았고, 인간이 도달할 수 있는 생각의 크기를 무한으로 확장시켰다. 당신의 생각은 어디까지 도달하고 있는가? 질문을 바꾸려면 기존의 틀을 거부하고 부정할 수 있는 용기가 필요하다.

진정한 기획이란 익숙한 생각들이 편안히 안주하고 있는 무한대의 암흑 우주로 기꺼이 날아갈 용기가 있어야 한다. 대기권은 우리가 심리적으로 안정감을 느끼는 구역을 말한다. 우리는 본능적으로 안전한 곳에 머무르려는 성향이 있다. 자신이 전자가 되어 소립자의 세계로 들어가야 하고, 빛이 되어 우주를 달리는 상상을 해야 한다. 익숙하고 편안한 컴포트존을 벗어나 내 삶의 영역을 확장하는 순간 새로운 질문이 생겨난다.

피터 드러커는 질문을 통해 비즈니스의 개념을 재정의하였다.

"내가 만들고자 하는 성과는 구체적으로 무엇인가?"
"하고 있는 일 혹은 하려고 하는 일 중에서 가장 가치 있는 일은 무엇인가?"

이 질문들은 비즈니스의 본질적 가치를 묻는다.

왜 그 일을 하는가, 즉 비즈니스의 궁극적 목적인 '업'을 묻고 있는 것이다.

기획의 핵심인 차별화는 생각의 틀 자체를 바꾸는 것이다. 차별화는 어떤 기법이나 프로세스의 변화가 아니라 다른 눈으로 다른 각도에서 보게 만드는 것이다. 다른 가치를 제안하기 위해서는 먼저 본질적인 질문을 던져야 한다. 그리고 모든 가치가 집중된 단 하나의 초점을 찾아내야 한다. 어떤 비즈니스든 이 질문에 대한 정의 없이는 성공할 수 없다. 나침반 없이 목적지에 도달할 수 있는 항해는 없다.

"내가 추구해야 할 진정한 가치가 돈이 아니라 사람이라면, 그 사람은 어떤 사람인가?"

"어떤 일을 통해 나보다 더 훌륭한 사람들과 함께 일할 수 있을까?"

"내 주변의 평범한 사람들을 비범한 사람으로 만들기 위해서 나는 무엇을 해야 하나?"

기획이란 사람과 사람 간의 관계를 재설정하고 새로운 가치를 만들어 내는 설계를 하는 것이다. 함께 하는 사람에 대한 철학 없이 어떻게 일을 도모할 수 있을까? 사람에 대한 기준은 모든 일의 시작이자 끝이다.

"탈학습, 창조적 파괴를 위해 무엇을 버려야 할 것인가?"
"내가 새롭게 도전할 완벽을 향한 목표는 무엇인가?"
"내가 얻으려는 그 하나의 가치를 위해 마땅히 해야 할 일은 무엇인가?"

혁신은 개선이 아니라 파괴다. 변화가 아니라 판을 뒤엎고 완전히 새로 짜는 것이다. 창조는 기존의 틀을 파괴하는 것이 선행되어야 한다. 기획자는 파괴자가 되어야 한다. 그런 후에 원점에서 다시 시작한다. 그렇다면 어떤 질문을 해야 할까?

질문이 바뀌면 기획의 관점도 바뀐다

로마 제국의 성공 비결은 무엇이었을까? 『로마인 이야기』를 쓴 시오노 나나미는 카이사르 같은 위대한 영웅들과 로마인들의 야망과 능력이 제국의 성공 요인이라고 말하지만 내 생각은 다르다.

2000년 전 로마가 아직 제국이 되기 전의 지중해 주변에는 위대한 지도자들이 많았고, 로마보다 뛰어난 문화를 가진 도시들도 많았다. 로마는 그리스로부터 문화와 종교를 가져왔고, 건축, 공학, 문자 등을 주변 국가들로부터 가져왔으며, 카르타고의 한니발은 그 어떤 로마의 장군들보다 위대했다. 내가 생각하는 로마 제국의 성공은 이 질문에서 시작되었다.

'그들을 어떻게 로마 시민으로 만들 것인가?'

이 질문은 도시국가 로마를 제국으로 성공시켰다. '확장된 시민권'은 로마가 제국으로 성공할 수 있었던 핵심 요인이었다. 로마 제국의 시민권은 처음엔 도시국가인 로마의 시민에게만 주어졌다. 그러나 국가가 점차 확장되면서 종교, 문화, 정치, 사회제도 등 모든 것이 이질적인 주변국들을 융합시키기 위한 용광로이자 가장 유혹적인 제안이 되었다. 로마 시민권을 얻는다는 것은 로마 제국이 보장하는 권리, 혜택 그리고 시스템으로 들어오는 것이다. 그래서 누구나 로마 시민이 되길 원했다.

'그들을 어떻게 로마 시민으로 만들 것인가?'라는 질문은 상대방을 멸망시켜야 할 적이 아니라 개방된 제국의 동반자로 바라보게 했다. 로마의 모든 시스템은 이 질문을 기준으로 설계되었으며, 사람·지식·자원·문화·기술 등 모든 것이 로마로 흘러들어 오게 되었다. 결국 하나의 질문은 로마의 정체성이자 목표이자 가장 위대한 제국으로 성장하게 된 동기가 되었다. 그러나 영원할 것 같았던 로마 제국은 이 질문에 담긴 가치를 외면하는 순간 몰락하기 시작했다.

당신의 기획서에는 어떤 질문이 핵심인가? 당신의 질문은 프로젝트의 정체성과 목표를 담고 있는가? 사람과 자원이 모이고 하나의 목표를 향해 나아갈 수 있게 하는가? 그들과 혜택을 공유하고 함께 성장해갈 수 있는 질문인가? 그들이 기꺼이 "오케이!" 할 수 있는 유혹적인 제안인가? 하나의 질문은 제국을 만들어 내기도 한다. 당신의 기획은 어떤 질문을 담고 있나?

질문은 강력한 힘을 가질 수도 그렇지 않을 수도 있다. '이것이 문제이고, 저것이 문제'라며 끊임없이 문제를 토로하는 사람에게 "그래서 당신이 정말 원하는 것은 무엇입니까?"라는 질문은 문제를 외부 관점에서 자신이 원하는 내면의 관점으로 전환시킨다. 이렇게 관점의 전환으로 생각하게 될 때 그 사람에게 강력한 질문이 된다. 하지만 관점의 전환이 일어나지 않는 질문은 그저 스쳐가는 질문일 뿐이다.

강력한 질문이 되기 위해서는 쉽고 직접적인 문장이어야 한다.

왜냐하면 질문의 의도를 정확하게 해석해야 본질에 접근할 수 있기 때문이다. 질문의 질이 높아질수록 대답의 질도 함께 높아진다. 질문의 수준을 높이려면 다음과 같은 3가지 요소를 포함해야 한다.

- 본질을 꿰뚫는 통찰력
- 누구나 이해할 수 있는 쉬운 문장
- 다르게 생각하는 관점의 전환

'관점의 전환'이란 보는 시각을 다양화한다는 뜻이다. 어떤 사물을 놓고 360도 방향에서 바라보는 것, 그것이 바로 관점의 전환이다. 관점은 어떻게 바라보느냐에 따라 달라진다. 다면적 시각을 가지기 위해서는 유연한 사고를 해야 한다. 그러기 위해서는 주어진 상황이나 현상에 대하여 '왜?'라는 의문을 던져야 한다. '왜?'는 내면에 숨어 있는 본질을 묻고 다른 관점을 갖게 한다.

폭스바겐에서 생산한 '비틀'이라는 독일의 국민차가 있다. 비틀은 작고 귀여우며 정비가 쉬웠다. 제2차 세계대전이 끝난 후 폭스바겐은 미국 시장에 진출하는 데 비틀을 앞세웠다. 그런데 미국 시장은 비틀과 달리 연비와 상관없이 덩치가 큰 차를 선호했다. 비틀처럼 작은 차는 미국인들에겐 단점일 뿐이어서 주목받기 어려웠다. 이에

폭스바겐은 비틀의 작은 외형을 단점이 아닌 차별화로 내세웠다.

폭스바겐은 신문 전면에 광고를 하면서 한 귀퉁이에 작은 비틀 사진과 함께 딱 한마디, "Think Small(작은 것을 생각하라)"이라는 슬로건을 붙였다.

광고는 그야말로 '대박'이 났고, 미국 시장을 변화시켰다. 비틀의 성공은 작은 것이 큰 것을 이길 수 있다는 역발상의 상징이자 현대판 다윗과 골리앗 싸움에서 여전히 다윗의 한 방이 통할 수 있다는 증거가 됐다. 전쟁에서 패한 독일에게 비틀은 새로운 희망과 가능성을 보여 주었고 실제로 독일은 글로벌 시장의 강자로 다시 일어설 수 있었다.

새로운 질문이 도미노 효과를 유발한다

관점의 전환은 한마디로 생각을 뒤집는 것이다. 뒤집기는 자연 현상과도 같다. 봄이 되면 농부가 밭을 갈아엎는다. 다시 말해 흙을 뒤집는 것이다. 흙을 뒤집어야 씨앗을 뿌릴 수 있는 상태가 된다. 뒤집기는 새로운 생명을 잉태하기 위한 자연스런 행위다. 이렇듯 새로운 생각이 태어나기 위해서는 '뒤집는' 행위가 필요한데, 우리는 통념과 합리화로 포장된 상식에 갇혀 그 안에서 다름을 발견하지 못한다. 통념의 틀에 갇힌 사고는 새로운 생각의 열매를 얻을 수 없다.

기획이 성공하려면 황당해 보이는 뒤집기 과정을 거쳐야 한다. 실패를 각오하고 남들이 지나가지 않은 새로운 길을 선택하는 것이다. 새로운 길에서 새로운 질문을 만날 수 있다.

어떤 답을 얻을 것인지는 어떤 질문을 던지느냐에 달렸다. 우리의 뇌는 마법의 램프 지니와 같다. 질문을 던지면 반드시 답을 찾아낸다. 그런데 사람들은 '정말 그러한가?'를 묻지 않고 답의 형식적논리에 집착한다.

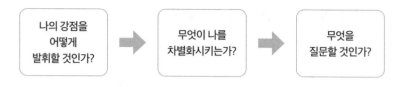

모든 과학과 철학과 종교에서의 새로운 발견과 깨달음은 질문에서 시작되었다. 질문은 발견과 통찰의 씨앗이다. 질문이 생각을 만들고, 다른 생각은 다른 컨셉을 만들고, 차별화된 컨셉은 기획서에 생명을 불어넣는다.

기획은 문제를 해결해서 더 나은 가치를 만들어 내는 작업이다. 기획은 단 하나의 과녁을 정확하게 조준하는 것이다. 그러므로 하나의 기획서는 하나의 질문에 정확한 하나의 답을 연결하는 것이다. 초점은 단 하나의 목표이며, 남들이 발견하지 못한 과녁을 찾아내는 것이 바로 질문이다. 『네 안에 잠든 거인을 깨워라』에서 앤서니 라빈스는 질문에 대해 이렇게 말한다.

> "질문은 우리가 상상하는 것 이상으로 강력한 도미노 효과를 유발한다. 우리가 부딪히는 한계에 대해 제기하는 질문은 삶의 장벽들을 무너뜨린다. 나는 모든 인간의 진보가 새로운 질문에서 비롯된다고 믿는다."

게임의 룰을 바꾸려면 질문을 바꾸면 된다. 질문을 바꾸면 관점이 바뀌고, 관점이 바뀌면 게임의 룰이 바뀐다. 내가 만든 게임에서 주도자가 될 것인지, 남들이 만든 게임의 추종자가 될 것인지는 다른 질문을 누가 하느냐에 따라 결정된다. 사람들은 '자신의 질문'이 아닌, '남들이 만든 답'에서 시작한다. 그러나 문제는 '그 이유'를 진정으로 모른다는 데 있다. 이유를 모르니까 남들이 쓰다 버린 쓰레기통만 뒤지게 된다. 쓰레기통이란 철학, 역사, 사상, 과학… 등에서 남들이 이미 연구한 것들의 집합이다. 새로운 질문보다는 남들이 이미 다 정리해 놓은 논리와 결론을 따라 한다. 다른 관점에서 생각하기보다 남들이 이미 밟고 지나간 길을 더듬는 것이다.

물론 쓰레기통에서도 쓸 만한 것을 건지기도 한다. 쓸 만한 쓰레기들을 잘 연결하면 새로운 것을 만들어 낼 수도 있다. 그렇다면 그것은 더 이상 쓰레기가 아니라 보석으로 변신한다. 여기서도 남들이 쓰다 버린 것들을 새롭게 연결하기 위해서는 새로운 질문을 해야 한다.

기획이란 생각을 형상화하는 것이다. 다른 컨셉, 차별화, 다른 전략을 기획하려면 다른 생각을 해야 하며 다른 생각을 하려면 다른 질문을 해야 한다. 질문으로 문제의 본질을 꿰뚫고 남과 다른 길을 모색할 때 진정으로 자신이 원했던 목표에 도달할 수 있게 된다.

"새로운 사실의 발견, 전진과 도약, 무지의 정복은 이성이 아니라 상상력과 직관이 하는 일이다."

-노벨생리·의학상 수상자 샤를 니콜

1%의 가능성을
기회로 만드는 질문

아모지 회사는 어떻게 그 많은 투자를 받았을까

2020년 11월 미국 뉴욕에 '아모지'라는 회사가 등장했다. MIT 박사 출신의 한국인 젊은이 4명이 만든 회사다. 이 회사에 세계 최대 석유회사인 사우디아라비아의 아람코, 미국의 아마존, 한국의 SK 이노베이션, 일본의 미쓰비시, 싱가포르의 국부펀드 테마섹 등이 투자했다.

신생기업 아모지는 이미 약 3천억 원을 투자받았고, 수많은 투자 기업들이 돈을 대겠다고 줄을 서고 있다. 무엇 때문에 세계적인 투자 기업들이 이제 막 출범한 신생 스타트업에 주목하게 됐을까? 아모지 창업자들은 이런 질문을 했다.

"수소를 활용하기 위해서 꼭 수소를 뽑아내야 할까? 수소를
뽑아내지 않고 수소를 활용할 방법은 없을까?"

세계적인 탄소 저감 트렌드에 따라 화석연료를 대체할 거의 유일
한 대안은 배기가스가 없는 청정에너지의 상징인 수소였다. 그러나
수소 경제는 점점 그림의 떡처럼 손에 잡히지 않았다. 수소를 저렴
하게 생산하는 것도 어려운 문제지만, 가장 큰 난관은 수소 기체를
액체로 바꾸기 위해 영하 250℃ 이하로 낮출 수 있는 초저온, 초고
압 전용 설비와 파이프 인프라였다.

수소의 운송과 저장에는 생산비보다 몇 배가 넘는 막대한 비용이
들어야 한다. 정부와 기업들은 수소 생산 비용을 현재보다 20~30%
이하로 낮추고, 운송 및 저장을 위한 막대한 인프라 구축에 골머리
를 앓고 있었다.

그런데 아모지 창립자들은 암모니아에서 그 가능성을 발견했다.
암모니아(NH_3)는 질소 분자 하나에 수소 분자 3개가 붙어 있다. 암
모니아는 영하 30℃ 일반 냉동 설비로 액체 상태의 운송과 보관이
가능하다. 기존의 암모니아를 운송 보관하는 인프라를 그대로 이용
할 수 있기 때문에 추가 비용이 거의 발생하지 않는다.

아모지는 암모니아에서 수소를 분리하는 소형 장치를 개발해서 연료전지와 통합하는 시스템을 개발했다. 그리고 암모니아만으로 자동차, 트럭, 선박, 기차 등에 수소의 장점을 적용할 수 있게 하였다. 그야말로 수소를 엄청나게 저렴한 비용으로 활용할 수 있게 만들어 주는 기술인 것이다. 이 기술은 이들이 새롭게 발명한 것이 아니라 기존의 암모니아 처리 기술을 개량하여 수소 활용을 5~10년 앞당겼을 뿐이다.

중요한 것은 이들이 '다른 질문'으로 '다른 생각'을 도출했다는 점이다. 수소를 활용하려면 당연히 수소를 뽑아내야 한다는 너무나 상식적인 생각을 "수소를 뽑아내지 않고 수소를 활용하는 방법은 없을까?"라는 돈키호테식 질문을 한 것이다. 아모지는 완전한 역발상으로 수소 활용에 따른 거의 대부분 문제를 단숨에 해결했다.

기획할 때 필요한 질문 유형 3가지

질문質問이란 무엇인가?

- 질質: 바탕, 본질, 핵심, 근원, 원인
- 문問: 묻다, 혹은 찾다, 남의 집을 방문해 물어보다, 외부 소식을 알리다, 대화하다

즉, 질문이란 본질을 찾아내기 위한 내적·외적 물음이다. 그러므로 질문이 없다면 본질을 찾아낼 수 없다. 당연히 질문을 하지 않으면 답도 없다. 다르게 질문하면 다른 생각을 발견할 수 있게 된다. 뻔한 상식을 비틀고 뒤엎는 다른 질문은 창조적 재해석을 하게 만든다.

질문은 목표에 생명을 불어넣는 창조적 행위다. 인간은 의문을 통해 '생각의 수준'을 결정하고, 질문은 '목적' 자체를 바꿀 수 있다. 기획은 종이 위에 단순히 논리나 형식을 만드는 것이 아니다. 기획의 본질은 하나의 답을 찾기 위해 불필요한 것을 골라내고 버리는 데 있다. 그러므로 하나의 답을 찾기 위한 단 하나의 질문을 찾아내는 것이 모든 기획의 시작이다. 단 하나의 올바른 질문은 목표에 도달하게 만드는 나침반이자 흔들리지 않는 기준이 된다.

"현상은 복잡하다.
그러나 법칙은 단순하다.
버릴 게 무엇인지 알아내라."
-이론물리학자 리처드 파인만

올바른 질문은 복잡한 것을 단순하게 만들고, 취할 것과 버릴 것을 알게 해준다. 가장 핵심적인 단순한 요소들의 결합이 가장 창조적인 것을 만든다. 의문은 호기심이고, 질문은 호기심을 지혜로 바꿔준다. 탁월한 성과를 만들어내는 과학자, 화가, 시인들은 공통점이 있다. 그들은 많은 요소들이 서로 뒤얽힌 복잡계에서 본질적 핵심 요소를 중심으로 단순화한 새로운 질서를 만들고 거기에 다른 색, 다른 의미를 입힌다.

기획이란 새로운 시도를 하기 위해 가장 중요한 것을 추려내고 가려내는 과정이다. 이렇게 본질적 의미를 찾아내거나 다른 의미를 만들어 주는 것이 바로 질문이다. 서울대 종교학과 배철현 교수는 질문에 대해 다음과 같이 말한다.

"질문은 다음 단계로 넘어가기 위한 문지방이며, 미지의 세계로 진입하게 해 주는 안내자다. 질문은 지금껏 매달려 온 신념이나 편견을 넘어 낯선 시간과 장소에서 마주하는 진실한 자신을 찾기 위해 통과해야만 하는 문이다."

그렇다면 질문은 목적에 따라 어떤 유형이 있을까? 기획할 때 필요한 질문의 유형은 크게 3가지로 구분할 수 있다.

유형1. 구조화 질문

이것은 서로 다른 성질의 요소들을 연결하여 새로운 아이디어로 구조화하기 위한 질문이다. 예를 들어, 기획서에 시장조사 자료, 데이터 등을 넣었는데 그것들이 무엇을 의미하는지 설명이 없다면 무슨 의미가 있을까? 그냥 쓰레기를 모아 놓은 것과 다를 바 없다. 자료와 데이터들에 생명력을 불어넣기 위해서는 이런 질문들이 필요하다.

- 자료, 데이터 등에 대한 이유나 근거를 묻는 질문
- 왜 그러한지 생각을 계속 연결하여 구조화하는 질문(예컨대, 5 why)
- 겉으로 드러나지 않은 숨은 의도나 문제를 묻는 질문

이런 질문은 올바른 논리에 살아 숨쉬는 생명력을 구성하기 위해 반드시 필요한 질문이다.

유형2. 적용이나 실행을 위한 질문

아이디어나 생각을 실천하고 적용하기 위한 질문이다.

- 외부에서 얻은 자료나 아이디어를 어떻게 적용할 것인가?
- 어떻게 배우고 발전적으로 나아갈 것인가?

- 나에게 필요한 지혜나 통찰력을 어디서 어떻게 얻을 것인가?

적용과 실행을 위해서는
'if'를 활용한 '가정 질문',
'how'를 묻는 '실천 질문',
'what'을 찾기 위한 '판단 질문' 등이 있다.

유형3. 생각의 확장을 위한 질문

이 질문은 최고 수준의 사고력이 필요한 질문이다. 기존의 쓰레기통에 머물지 않고, 새로운 영역이나 방향으로 확장-연결-융합하기 위한 길을 찾는 질문이다. 이런 질문은 앞의 '구조화' 그리고 '적용' 질문을 더욱 업그레이드해 준다.

- 방향, 관점, 행동에서 어떻게 다르게 할 수 있는가?
- 기존의 것들을 어떻게 완전히 새롭고 다르게 연결하고 융합할 것인가?

그렇다면 구체적으로 어떻게 질문해야 할까? 우선 주어진 과제의 속성을 묻는 데서 시작해야 한다. 즉, 속성의 본질을 꿰뚫고 긍정의 질문을 던질 때 성공을 끌어당기는 힘이 발휘된다. 긍정의 질문이란 '할 수 있고, 하게 될 것'이라는 생각에서 출발하는 질문을 말한다. 기획은 과제를 해결하기 위한 것이기 때문에 당연히 긍정의 질문으로 시작해야 한다. 질문의 방향에 따라서 답도 정반대로 만들어진다. 긍정의 질문은 숨은 잠재력과 통찰력을 깨우는 촉매제가 된다.

긍정의 질문은 1%의 가능성을 발견하고 그것이 진실이었음을 증명하게 할 뿐만 아니라 '반드시 밀물이 밀려오리라. 그날 나는 바다로 나아가리라'는 '그때'를 준비하는 마음가짐을 갖게 한다.

1%의 가능성을 기회로 만들기 위해서는 다음 세 가지 질문이 필요하다.

- 본질을 묻는다
- 올바른 방향(전략)을 묻는다
- 사실을 묻는다

각각을 구체적으로 살펴보자. 본질을 묻는 질문은 다음과 같다.

"나의 제안, 비즈니스(브랜드)는 무엇인가?"
"나의 고객은 누구인가?"
"상대방에게 가장 중요한 가치는 무엇인가?"
"그래서 나의 비즈니스(브랜드)는 어떻게 되어야 하는가?"

"우리에게 주어진 과제의 궁극적인 목표는 무엇인가?"

"이 일을 왜 하는가?"

"우리 제안의 핵심 가치는 무엇인가?"

"고객이 내 물건을 왜 사는가?"

"우리는 뭐가 다른가?"

"나라면 OK 할까?"

"그들이 밤잠을 설치며 걱정하고 있는 문제는 무엇인가?"

"그들은 무엇에 불안함을 느끼고 있는가?"

"그들은 무엇에 분노하고 있는가?"

"그들이 가장 열망하는 것은 무엇인가?"

두 번째로 올바른 방향(전략)을 묻는 질문은 다음과 같다. 전략이란 목적지와 거기에 도달할 수 있는 과정을 정하는 것이다.

"그래서 해결책이 무엇인가?"

"게임의 룰을 어떻게 바꿀 수 있는가?"

"목표를 이루기 위해 가장 먼저 해야 할 일은?"

"거시적 우선순위는 무엇인가?"

"고객의 비즈니스 혹은 생활에서 지금의 트렌드와 앞으로 전개될 트렌드는 무엇인가?"

기획은 전적으로 사실 판단을 근거로 해야 한다. 사실에 근거한 추정, 사실에 근거한 논리, 사실에 근거한 문제 제기, 사실에 근거한 실천 방법 등 모든 것은 사실을 바탕으로 수립되어야 한다. 사실을 묻는 질문은 다음과 같다.

"나는 무엇을 모르는가? / 나는 무엇을 아는가?"

"지금까지 실패한 원인은 무엇인가?"

"고객이 매일 느끼는 불만 가운데 가장 큰 3가지는 무엇인가?"

"뒤이어 나타날 변화는 무엇인가?"

"실천 방법은 무엇일까?"

"걸림돌은 무엇일까?"

"나에게 필요한 것은 무엇인가?"

"누구와 손을 잡아야 하는가? / 누구와 손을 잡을 수 있는가?"

모든 기획의 기본은 5W1H

사업을 시작할 때는 사업 기획을, 새로운 전략을 수립할 때는 전략 기획을, 신제품을 만들 때는 제품 기획을 한다. 모든 기획의 기본은 5W1H(Why, Who, Where, When, What, How)다.

그중에서 사업 기획의 핵심은 Why와 Who이다. Why는 사업의 목적과 비전이며, Who는 이 사업을 이끌어 가는 주체다. 사업 기획을 평가할 때 '무엇'을 하는지보다 더욱 중요한 것은 '누가' 이 사업을 하는가이다. 사업 기획은 사업의 목적과 수행 주체를 중심으로 계획을 기술하는 것이다.

다음으로 전략 기획의 핵심은 Where와 When이다. 전략회의의 핵심은 시간과 장소에 관한 것인데 이때 why나 who에 관한 질문을 하면 회의를 준비 없이 들어온 것이고, what과 how를 묻는다면 회의의 목적을 파악하지 못한 것이다. 전략 기획은 사업 기획을 바탕으로 target과 timing을 결정하는 것이다.

마지막으로 서비스 기획은 제품 기획과 본질이 같다. 제조업은 제품 기획을, 서비스업은 서비스 기획을 한다. 서비스 기획의 핵심은 What과 How다.
디자이너나 개발자와 소통을 할 때는 무엇을 하고자 하는지를 구체적으로 설명하면 된다. 실무자들은 이것을 왜 하는지, 또는 이 사업의 주체가 누구인지는 궁금하지 않다. 서비스 기획은 무엇을 어떻게 할 것인지를 설명하는 것이다.
서비스 기획도 5W1H 순서대로 기획한다. 만약 메타버스 교육 솔루션을 만든다고 가정할 때 이때도 제일 먼저 기획할 것은 why와 who이다. 메타버스 교육 솔루션의 목적(why)은 여러 가지가 있지만 첫째 고비용, 고위험 훈련을 저비용으로 안전하게 수행하기 위한 경우, 둘째, 경찰서, 소방서 등 학습자들이 원거리에 있으면서 자리를 이탈하기에 어려운 경우, 셋째, 원격교육에서의 토론이나 테스트가 자동으로 데이터로 적립되어야 할 필요가 있는 경우가 있다. 이때 사업 기획이라면, 사업에 필요한 인력인 PM, 기획자, 모델러, 앱과 웹 개발자, 서버 개발자 등을 정의하겠지만, 지금은 서비스 기획이므로 이 서비스에 사용자인 교수자, 학습자, 운영자 등의 역할을 정의한다.

그리고 각 사용자별로 필요한 where와 when을 정의한다.
먼저 메타버스 공간에 필요한 공간들을 정의하고, 각 공간들이 언제 필요한지 결정한다. 교수자의 경우 메타버스 포털페이지에서 로그인 후에 앱을 실행하면 처음으로, 마이룸(공간)에서 접속을 하고 강의시간이면 강의실로, 회의시간이면 회의실로 이동한다. 학습자와 운영자도 각각의 맞는 공간을 정의한다.

이제 서비스 기획의 핵심인 what과 how를 정의한다. 개발자 등 실무자들이 가장 관심이 있는 부분이 바로 '무엇을 어떻게 개발할 것인가?'이다. 교수자는 마이룸에서 그리고 강의실에서는 각각 '무엇을' 하는지, 그리고 각 공간별 화면에 '무슨 요소'들을 노출할 건지, 각각의 요소들은 '어떤 기능'을 할 것인지를 자세히 정의해 줄수록 서비스 목적에 가까운 개발을 할 수 있다.

질문을 형상화하면
컨셉이 된다

생사의 기로에 선 경영자가 던진 질문

베스트바이BestBuy는 미국에서만 1,500개 매장을 보유한 세계 최대 전자제품 소매 판매 회사다. 베스트바이 매장은 늘 사람으로 북적였고, 모든 전자제품 회사들은 베스트바이 매장에 얼마나 많은 공간을 확보하느냐가 성공을 좌우한다고 생각할 정도였다.

그런데 언젠가부터 베스트바이 매장에 사람은 여전히 북적이지만 매출은 급격히 줄어들기 시작했다. 사람들이 매장에서 제품들을 구경만 하지 실제로 구매는 다른 곳에서 하는 쇼루밍showrooming 현상이 급증한 것이다. 베스트바이 매장에서 마음에 드는 제품을 확인하고 구매는 아마존과 같은 온라인 사이트에서 동일한 제품을 더 저렴하게 구매하는 것이다.

베스트바이 경영진들은 그런 상황에 속수무책이었다. 제품에 베스트바이 고유의 바코드를 도입하고 매장을 리뉴얼했으며, 매장 내에서는 휴대전화로 가격 비교를 하지 못하도록 주파수를 교란시키기까지 했다. 심지어 온라인 업체들과 가격을 비슷한 수준으로 낮추는 등 모든 수단을 동원해서 고객들의 쇼루밍을 막기 위해 노력했으나 전혀 효과가 없었다. 오히려 그런 수단들은 고객들에게 스트레스를 주었고, 베스트바이의 이익 구조를 심각하게 악화시킬 뿐이었다. 어떤 경영 전술을 동원해 봐도 오프라인 매장 중심의 베스트바이는 아마존과 같은 온라인 플랫폼을 이길 수 없었다.

그럴 수밖에 없는 근본적인 이유는 명확하다. 고객들은 본능적으로 자신의 이익을 위한 선택을 하기 때문이다. 자신이 원하는 가치를 가장 잘 충족시켜 줄 곳으로 이동하는 것이 고객들의 심리다.

그럼 베스트바이는 어떻게 해야 살아남을 수 있을까? 온갖 방법을 동원해도 속수무책으로 벼랑 끝으로 몰린 베스트바이 CEO 허버트 졸리는 다른 관점으로 생각하기 시작했다.

"판매를 하지 않고도 수익을 창출할 수 있는 방법은 없을까?"

이 질문은 사실 생사의 기로에 선 경영자로서 생각하기 어려운 질문이다. 베스트바이의 '업'은 소매 판매이고 최대 경쟁력은 가장 많은 오프라인 매장과 방문객이었다. 가장 많은 매장과 방문객을 확보하고 최대한 많이 파는 것이 그들의 '업'인데. 그것을 뿌리째 바꾸지 않으면 생존할 수 없는 상황에서 뭔가 획기적인 발상이 필요했다. 즉, 베스트바이의 근본적인 비즈니스 컨셉을 바꿔야 하는 것이다.

그때 한국 기업 삼성이 베스트바이에게 다음과 같은 제안을 해왔다. '소매 판매와 상관없이 제품을 전시하는 공간을 제공해 주는 대가로 상당 금액을 지불하겠다는 것'이다. 베스트바이는 바로 여기서 자신들의 활로를 찾아냈다. 일반적인 소매 업체에서 벗어나 전 세계 주요 전자제품 제조사의 쇼룸, 즉 전시장으로 변신하는 것이다.

이것은 베스트바이에게 판매에 대한 부담이 전혀 없기 때문에 온라인 업체들과 가격 경쟁을 할 필요도 없고, 기존 매장을 축소하는 막대한 손해를 보지 않고 그대로 활용할 수도 있으며, 여전히 매장을 꾸준히 방문하는 고객들에게 스트레스를 주지 않아도 되는 등 장점이 한두 가지가 아니었다. 자신들의 최대 경쟁력인 오프라인 매장을 그대로 활용하되 수익 모델만 바꾸는 것이다.

"판매가 아니라 전시!"

베스트바이는 판매를 하지 않고도 수익이 창출되는 비즈니스 모델을 찾아냈다. CEO 허버트 졸리는 자신이 고민했던 질문에 완벽하게 충족되는 답을 찾은 것이다. 전 세계 주요 제조사들은 안정적으로 확보한 공간에서 사사 제품을 가장 돋보이게 전시했고, 고객들은 멋지게 인테리어된 공간에서 제품을 경험할 수 있게 되었다. 전시장의 인테리어 디자인 그대로 자신의 집에 표현하고 싶은 고객들은 최대한 멋지게 표현된 베스트바이 매장으로 몰려들었다.

제조사들은 자신의 공간에서 고객들이 최상의 경험을 하도록 훈련된 직원을 직접 고용했기 때문에 베스트바이는 인력 구조를 최대한 효율적으로 구조조정할 수 있었다. 별다른 투자도 하지 않았고 복잡한 신기술을 도입하지도 않았지만 베스트바이의 수익은 폭발적으로 늘어났고 비용은 획기적으로 줄어들었다.

비즈니스 환경은 언제나 빠른 속도로 변한다. 무엇이 나의 비즈니스를 파괴하는가? 나의 비즈니스가 계속 생존하고 성장하려면 외부 환경이 아닌 자기 스스로 자신의 비스니스를 계속적으로 파괴해야 한다. 현대 경영학을 창시한 학자로 평가받는 피터 드러커는 이렇게 질문을 던진다.

"창조적 파괴를 위해 무엇을 버려야 할 것인가?"

베스트바이는 이 질문에 스스로 답을 찾아냈다. 기획은 질문을 통해 새로운 길을 찾아내는 것이다. 컨셉은 질문을 통해 새로운 모델을 형상화하는 것이다. 컨셉이란 기획의 시작이자 본질인 질문과 답에 대하여 핵심적인 '차별화'가 결합된 것이다. 질문이 기획의 문을 열고 들어가는 열쇠라면, 컨셉은 기획의 노른자라고 할 수 있다. 컨셉은 기획에 생명을 불어넣어 주며 '본질Essence' + '고유한 차별점Originality', 즉 정수만을 응축해 놓은 기획의 핵이다. 컨셉은 기획의 본질이자 정체성이다. 상황에 따라 실행의 길은 유연하게 변화하더라도 본성인 컨셉에서 벗어나면 안 된다.

컨셉은 기획의 노른자

컨셉은 그 자체가 전략이다. 전략을 실행 가능하도록 개념화한 것이다. 그러므로 기획서를 작성하는 것은 '질문을 컨셉이라는 차별화 포장지를 씌워 구조화'하는 일이다. 컨셉은 관점의 차별화다. 그것도 외면의 차별화가 아니라 본질적인 내면의 차별화다. 컨셉이 없다는 것은 목표가 없다는 것이고, 목표가 없으면 계획도, 움직이게 할 동기도 없는 것이다. 일관된 컨셉은 진정한 목표 설정과, 그 목표를 달성하기 위한 계획을 수립하고 팀을 하나로 움직이게 만드는 강력한 심장이다. 기획에 컨셉이 없는 것은 노른자 없는 계란과 같이 생명력이 없는 것이다.

사람들은 제품을 사는 것이 아니라 컨셉을 사는 것이다. '제품이 아니라 컨셉을 산다?'는 말은 무슨 뜻일까? 여기 '나이키'라는 브랜드가 붙어 있는 신발이 있다. 매우 비싸다. 동일한 품질의 노브랜드 제품보다 서너 배 이상 비싸다. 그럼에도 불구하고 사람들은 가격을 무시하고 산다. 왜 그럴까? 나이키라는 브랜드에는 여러 가지 컨셉이 담겨 있다. 스포츠 정신이자 목표라고 할 수 있는 '승리'가 브랜드의 컨셉이다. 'just do it' 같은 광고 컨셉과 에어조던이라는 제품 컨셉이 사람들의 마음속에 담겨 있다. 사람들이 나이키에 기꺼이 지갑을 여는 이유는 나이키의 문화적 가치가 녹아든 컨셉을 사는 것이기 때문이다.

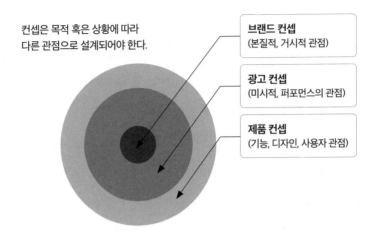

컨셉은 목적 혹은 상황에 따라
다른 관점으로 설계되어야 한다.

브랜드 컨셉
(본질적, 거시적 관점)

광고 컨셉
(미시적, 퍼포먼스의 관점)

제품 컨셉
(기능, 디자인, 사용자 관점)

컨셉의 의미를 살펴보면 '가로챈다'가 숨어 있다. 여러 가지 특징
과 개념 중에 어떤 고유의 것을 '가져와서^{intercept}' 쓴다는 개념이다.
이 말은 '참신斬新하다'라는 의미와 일맥상통한다. 참신斬新이란 단
어는 '베어내다斬' + '새롭다新', 즉 다른 곳에서 잘라와서 결합함으
로써 완전히 다른 뭔가를 만들어 낸다는 의미를 담고 있다.

이것은 이종 융합, 접목 그리고 더 나아가 지식의 통섭^{Consilience}
이라는 개념과 연결된다. 본질은 변하지 않되 새로움을 더함으로써
독특함이 만들어진다. 독특함은 논리보다 훨씬 힘이 세다. 독특함
을 찾는 것이야말로 컨셉의 시작이다.

컨셉^{Concept}에서 'con'은 콘크리트처럼 어떤 개념을 규정하고 실

체화한다는 의미도 담겨 있다. 산만하게 흩어져 있는 개념과 정의를 논리적으로 구조화하는 것이다. 결국 컨셉은 실체가 없거나 산만하게 흩어져 있는 개념과 아이디어들을 형상화하는 것이다.

컨셉을 추출하는 과정은 쉽지 않은 일이다. 하지만 반드시 해야만 하는 이유는 모든 기획의 근간을 이루는 핵심 요소이기 때문이다. 기획의 뿌리인 컨셉이 튼튼해야 실행을 위한 방향성을 설정하기도 쉬워진다. 360도는 360개의 방향 중 나에게 딱 맞는 1도의 길을 찾는 기준점이 되어 준다. 그 많은 길 중에 차별화된 나만의 1도의 방향성을 가로채고, 사로잡아, 이끌어 가고, 그리하여 기획의 과제가 추구하는 이상을 완성해 가는 것, 이것이 컨셉이 중요한 이유다.

바꿔라, 그러나 바꾸지 마라

오랜 세월이 지나도 여전히 성장을 이어 가는 최고의 기업들이 있다. 이 기업들의 이름, 즉 브랜드에 사람들은 열광한다. 그 이유가 뭘까? 그들은 무엇이 다를까?

세계 최대 브랜드 컨설팅 그룹 인터브랜드는 2022년 글로벌 브랜드 순위를 발표했다. 1위 애플, 2위 마이크로소프트, 그 뒤로 아마존, 구글, 삼성, 코카콜라, 메르세데스 벤츠, 디즈니, 나이키, 맥도널드, BMW, 루이비통, 샤넬, 구찌, 펩시콜라, 아디다스, 스타벅스 등이다.

이 브랜드들은 사람들에게 변하지 않는 고유의 가치를 제공하고 있다. 변하지 않는 고유의 가치Originality, 그것이 바로 브랜드의 생명이자 컨셉이다. 컨셉은 기획의 뿌리다. 아무리 거대한 비즈니스라도 컨셉이 없다면 죽어 있는 고목이나 다름없다.

마케팅 학계의 거장 필립 코틀러 교수는 "단순히 감성에 다가가는 수준이 아니라 '영혼'까지 도달해야 한다."고 말했다. 브랜드를 관리한다는 것은 결국 컨셉을 관리한다는 말이다. 그런데 세상은 끊임없이 변한다. 빠르게 변화하는 것과 느리게 변화하는 것이 있는데, 그것들 간의 격차가 심해지면서 브랜드의 생명인 '고유의 가치를 어떻게 유지해야 하는가?'라는 문제가 발생한다. 여기 2개의 질문이 있다.

1. 컨셉은 절대로 변하지 말아야 하는 것인가? 그렇다!
2. 컨셉은 변할 수 있는 것인가? 이것도 그렇다.

둘 다 맞는 말이라면 어쩌란 것인가. 100년 이상 생명을 이어온 기업들이 그 답을 말해 준다. 스웨덴의 100년 넘은 보드카 브랜드인 '앱솔루트Absolut'의 슬로건이다.

"절대 달라지지 않지만 늘 변화한다."

1931년 창립된 독일의 포르쉐Porsche의 슬로건은 다음과 같다.

"바꿔라, 그러나 바꾸지 마라."

200여 년의 역사를 가진 프랑스의 패션 기업 '에르메스Hermes'의 모토를 보자.

"모든 것은 변한다. 하지만 근본은 변하지 않는다."

변화하되, 근본은 굳건히 지켜야 한다는 말이다. 뿌리는 절대로 뽑아내선 안 된다. 그러면 무조건 죽는다. 하지만 시대의 변화와 환경에 따라 가지치기를 통해 나무의 모양은 바꿀 수 있다. 즉, 최상위의 본질적 컨셉은 유지하되, 광고, 제품, 실행 컨셉은 상황에 따라 맞춰 가야 한다. 기획이란 단 하나의 질문을 통해 본질적인 컨셉을 세워 놓고 최종적으로 그 컨셉의 원칙에 최적화된 답을 찾아내는 것이다. 그 과정에서 다양한 조건, 변수, 상황을 고려해서 얼마든지 바뀔 수 있지만 어떤 경우에도 절대 컨셉을 벗어나면 안 된다.

이것은 마치 헌법과도 같은 것이다. 처음 헌법을 만들 당시 제헌 의원들은 이런 질문을 했을 것이다. "우리나라는 어떤 나라가 되어야 하는가?" 바로 이 질문이 대한민국의 정체성을 결정하는 가장 본질적인 질문이다. 조선시대와 같은 왕정국가? 일본이나 영국 같은 왕과 총리가 분리된 내각제? 아니면 사회주의 공화국? 여러 가지 선택지가 있었을 것이다. 대한민국 헌법 1조를 보자.

① 대한민국은 민주공화국이다.
② 대한민국의 주권은 국민에게 있고, 모든 권력은 국민으로부터 나온다.

이것이 바로 대한민국의 절대 원칙이자 컨셉이다. 1948년 7월 17일 제헌국회에서 제정한 헌법은 지금까지 시대의 변화에 따라 9차례 개정되었지만 헌법 1조는 절대로 변하지 않았고, 앞으로도 변하지 않을 것이다. 이것은 대한민국의 정체성이자 뿌리이며 생명력의 근원이기 때문이다. 모든 법은 헌법을 벗어날 수 없으며, 헌법의 모든 조항은 1조의 원칙을 위배해선 안 된다. 이것이 원칙이자 본질에 근거한 컨셉의 개념이다.

컨셉은 차별화의
다른 말

다른 컨셉을 위한 3가지 원칙과 2가지 방법

기획의 생명은 컨셉의 차별화에 달려 있다. 컨셉을 차별화하기 위해서는 3가지 원칙을 지켜야 한다.

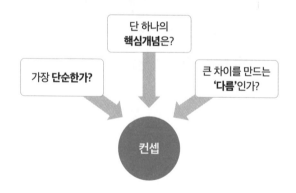

이것을 표현하기 위해서는 2가지 방법을 사용한다.

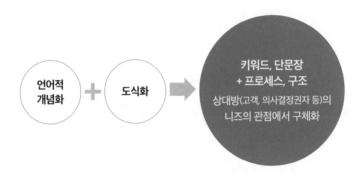

컨셉의 차별화는 본질, 포지셔닝, 강점을 더 강하게 드러내는 것이다. 차별화를 위한 차별화는 차별화가 아니다.

• 예측 가능한 뻔한 결과

• 누구나 당연히 그러하다고 생각하는 상식적인 개념

• 전혀 이질적이지 않거나 생소하지 않은 것

차별화는 통념을 깨는 새로운 개념, 생각의 방향 바꾸기, 익숙하지 않은 다른 주장을 하는 것이며, 처음 보거나 들었을 때 마치 밥을 먹다 생쌀을 씹은 것 같은 이질감이 느껴져야 한다. 차별화를 위한 3가지 기술이 있다.

기술1. 뒤집어 생각하기(역발상)

뒤집어 생각하기란 역발상 기법이라고 하며 기존 것들의 모양이나 순서 등을 거꾸로 하거나 재배치함으로써 새로운 것을 만들어 내는 기법이다. 사람들은 누구나 자기만의 '상식'이라는 틀 안에 갇혀 있다. 그러나 다른 생각을 하려면 자신이 강하게 신뢰하는 이 틀을 과감하게 깨부숴야 한다. 독창적인 아이디어는 통념의 울타리를 걷어차 버려야 하기 때문이다.

비상식을 보석으로 활용하는 방법이 바로 '뒤집어 생각하기'다.

비정상적인 생각을 다시 정상적인 생각의 범위로 끌어들여야 한다.

'뒤집어 생각하기'를 적용하는 과정은 다음과 같다.

1단계: 주어진 문제나 상황을 요약한다.

2단계: 그 문제와 상황을 반대로 뒤집어 생각해 본다.

3단계: 거기에 합리적이고 타당한 논리를 부여한다.

뒤집어 생각하기를 실천한 유명한 사례가 있다. 일본의 아오모리 지역에 큰 태풍이 몰아쳐 사과의 90%가 떨어져 못 팔게 되었다. 그 지역의 사과를 생산하는 농민들은 농사를 망쳤다며 울상이 되었으며, 실제로 예년에 비해 매출과 이익이 크게 줄어 적자가 나게 되

었다. 그러나 한 농민은 상황을 뒤집어 다르게 생각했다. 남은 10%
의 사과에 '안 떨어지는 사과'라고 이름 붙여 입시생들의 부모들에
게 비싸게 팔았다. '90%나 떨어졌다'를 '10%는 떨어지지 않았다'
로 상황을 뒤집어 본 것이다. 이것이 요즘 많이 팔리는 '합격 사과'
의 기원이다.

기술2. 생각 확장하기

생각은 사람마다 모두 다르다. 타고난 조건과 살아온 과정이 다
르기 때문이다. 그런데 인간은 지속적으로 발전하고 성장할 수 있
다. 사물을 다르게 받아들이면 사고의 폭과 깊이도 끊임없이 확장
할 수 있다. 생각을 확장할 수 있는 몇 가지 방법이 있다.

• 의심하고 질문하기

일반적인 생각에 '만약', '어쩌면', '그게 아니면'이라는 접두어를
붙여 보라. 그러면 고정된 생각에서 벗어나 무한한 상상력의 날개
를 사용할 수 있게 되며 자신의 두뇌를 2배, 3배 이상 활용할 수 있
게 된다. 프랑스 의학사에서 가장 위대한 생리학자로 꼽히는 클로
드 베르나르는 "학습의 가장 큰 방해물은 미지의 무언가가 아니라
이미 잘 알고 있는 것이다."라고 말했다. 유연하고 열린 사고는 여
러 방법을 선택해 문제를 새롭게 해결해 준다. 질문 능력은 창의적

인 생각의 확장에 결정적인 영향을 미친다. 이미 상식 혹은 정답으로 인정받고 있더라도 끊임없이 다른 질문을 던지면서 조금이라도 새롭고 더 나은 방법을 찾아야 한다.

• 단방향이 아니라 다각도로 생각하기

로마로 가는 길은 하나가 아니다. 무수히 많은 길이 있으며 모든 길을 선택할 수 있다. 로마 가도의 총 길이는 8만 5천 ㎞, 지선도로까지 합치면 40만㎞ 이상에 달했다. 거미줄처럼 촘촘한 길이 지구 둘레의 무려 10배나 된다. 이 각각의 길마다 다른 의미, 다른 메시지를 찾아낼 수 있다.

다른 사람들이 습관적으로 사용하던 것, 그동안 자주 사용했던 방법, 누구나 그렇게 하는 것이 당연하다고 생각하는 관행을 깨고 언제나 다른 길도 있다는 사실을 명심하라. 뻔한 것, 당연한 것, 상

식적인 것은 죽은 컨셉이며, 차라리 시작하지 않는 것이 더 좋다.

• 서로 다른 것 연결하기

창의성에 대한 가장 큰 함정은 이미 정해진 정답이나 결론이 있다는 생각이다. 사실, 고정관념을 깨부수는 것은 획기적이고 천재적인 생각에서 얻어지는 것이 아니라 오랜 세월 숙성된 생각이 어느 순간 밖으로 터져 나오는 것이다. 여기에서 중요한 키워드는 '연결'이다. 서로 다른 생각과 경험이 연결되어 기존의 것과는 다른 구조를 만들어 낼 때 드디어 기존의 틀을 깨는 새로운 아이디어가 탄생한다.

"창의성이란 서로 다른 것을 연결하는 능력이다."

_스티브 잡스

앞의 그림은 2013 대한민국 공익광고제 수상작이다. 마네의 '피리 부는 소년'과 뭉크의 '절규'를 위아래로 배치했다. 그리고 이런 글귀가 있다. "아름다운 선율도 아래층 이웃에게는 때론 큰 고통이 될 수 있습니다." 바로 층간 소음에 관한 공익광고다. 전혀 연관성이 없어 보이는 명화 2개를 연결해 층간 소음에 관한 문제를 해학적으로 보여 준다.

서로 다른 것을 연결하여 새로운 의미를 부여하는 것, 이것이 천재라고 불리는 사람들이 가장 많이 사용하는 창조 기법이다.

기획의 99%는
워딩이다

가슴에 바로 꽂히는 워딩

아래 슬로건 중에서 어떤 것이 가슴에 팍 꽂히는가?

• 현대자동차: 새로운 생각, 새로운 가능성

• 닛산자동차: 짜릿한 혁신

• 지프: 우리가 만든 것 중 최고

소비자들은 위 3가지 슬로건을 보며 "그래서 뭐가 좋다는 거지?" 하고 반문하게 된다. 이런 슬로건의 문제점은 구체적이지 않다는 것이다. 그럼 이런 슬로건은 어떤가?

"최고의 드라이빙 머신."

이 슬로건으로 BMW는 전 세계에서 가장 많은 차를 판매한 최고급 자동차 브랜드가 되었다. 최대한 포인트만 간결하게 강조하고 있다. BMW는 장점이 많은 자동차다. 그래서 초기 광고 슬로건은 다음과 같았다.

"고급스러움, 주행 성능, 운전 편의성의 조화가 뛰어납니다. 세상에서 가장 뛰어난 자동차입니다."

이 슬로건은 확실히 실패했다. 만병통치약같이 온갖 장점을 늘어놓았기 때문이다. 최고급 제품, 고객 만족, 혁신적인 첨단 기술, 세계 수준의 서비스 같은 워딩wording(글이나 연설에서 신중히 골라 쓴 표현이나 단어 선택)으로는 고객의 마음을 전혀 움직이지 못한다. 그저 추상적인 느낌만 주는 단어들이기 때문이다. 세계에서 마케팅을 가장 잘하는 기업인 애플은 어떻게 할까?

• 아이팟: 수천 곡의 노래를 당신 주머니에!

- 아이폰: 최초의 터치스크린 스마트폰
- 아이패드: 최초의 태블릿 컴퓨터

명쾌하고 구체적이다. 무조건 기억할 수밖에 없다. 기억되지 않는 슬로건은 효과가 없다. 사람들은 구체적인 것을 좋아한다. 구체적인 표현은 추상적인 것보다 훨씬 더 오래 기억된다. 추상적인 표현으로는 감성적인 전달이 불가능하다. 시각적이고 구체적인 자극을 줄 때 사람들은 반응한다. 세상에서 가장 강력한 힘은 글에 있다. 글, 즉 워딩을 디자인하라. 하나의 글에는 하나의 컨셉만이 디자인되어야 한다.

- 건축 설계 = 라이프 스타일 디자인
- 마케팅 = 소비자 니즈 디자인
- 제안 = 비즈니스 디자인

그럼 컨셉은 뭘까? 새로운 생각을 워딩으로 디자인하는 것이다. 새로운 생각을 만드는 것은 '다른 관점의 질문'이다. '무엇을 왜 어떻게 디자인할 것인가?'를 생각하기 위해서는 '다른 질문'이라는 좋은 성능을 가진 생각의 돋보기가 필요하다. 모든 디자인은 '나'가 아니라 '상대방의 마음을 읽는 것'에서 시작되어야 한다.

그렇다면 무엇을 디자인해야 할까? 컨셉에 '상대방의 가슴을 설레게 할 수 있는 꿈'을 담아라. 컨셉은 꿈을 담은 그릇이다. 꿈을 디자인한다는 것은 제한된, 혹은 익숙한 영토에서 모르는 다른 영토로 넘어가려는 시도이며 생각을 가장 높은 단계로 끌어올리는 동력이 된다.

가능성이 확실한 것은 계획이지만, 불가능해 보이는 것을 디자인하면 그것은 꿈이 된다. 새로운 꿈을 디자인하는 것이야말로 새로운 컨셉을 디자인하는 것이며. 이것은 기존의 문법으로는 해석이 되지 않는다.

컨셉의 목적은 효율성이 아니다. 그리고 단순한 차별화나 얕은 아이디어가 아니다. 컨셉은 변화하는 환경, 소비자 혹은 상대방의 니즈에 맞춰 관점과 구조를 혁신하는 것이다. 때문에 필연적으로 컨셉은 사람의 마음을 읽는 데서 시작되어야 한다.

비즈니스의 관점에서는 수익을 내야 하기 때문에 효율성이 중요하다. 하지만 이것이 컨셉의 목적이 되어서는 안 된다. 효율성의 관점으로는 사람의 마음을 설레게 만들기 어렵기 때문이다. 기존의 관습과 구조는 신경 쓰지 마라. 그걸 바꾸는 게 기획이고 컨셉이다. 효율성과 시스템은 그다음에 생각해도 늦지 않다.

상대방의 언어를 사용하라

기획서에 쓰는 워딩은 나의 언어가 아니라 상대방의 언어를 사용해야 한다. 왜냐하면 내가 아니라 상대방의 마음을 훔쳐야 하기 때문이다. 그러므로 워딩 디자인의 시작은 이러한 질문에서 시작된다.

"기획서를 읽는 사람은 누구인가?"

마케팅 기획이면 고객의 언어로, 보고서·제안서·사업계획서라면 의사결정권자의 언어를 사용해야 한다. 머리가 아니라 가슴을 움직이는 워딩이 진짜 고수들의 언어. 설득하는 데 실패하는 것은 상대방의 주파수를 맞추지 못했기 때문이다. 오직 자신의 주파수와 맞을 때만 자신의 가슴으로 전달된다. 주파수가 맞지 않으면 무의미한 소음일 뿐이다. 상대의 '눈높이'가 아니라 '마음 높이'에 맞춰라. 물고기를 잡으려면 물고기의 마음을 읽어야 한다.

과녁이 어딘지도 모르는데 화살이 아무리 좋은들 명중할 리 없다. 내 기획서를 읽을 사람이 누군지도 모르면 그를 단번에 사로잡는 워딩을 만들어 낼 수 없다. 짧고 강렬한 워딩 디자인의 비결은 마음을 훔쳐야 할 '그'를 아는 데서 시작한다. 단언컨대 팔리지 않는 기획은 잘 못 써서가 아니라 '그'를 중심에 두지 않았기 때문이다.

주파수든 과녁이든 어쨌든 그들이 반응하는 시점은 자신의 이기심에 딱 맞아떨어질 때뿐이다. 아무리 내용이 좋고 훌륭한 기획서라도 '나를 위한 것이다.'라는 생각이 들지 않으면 어떤 흥미나 반응도 끌어내기 어렵다. 그들이 궁금한 건 딱 하나뿐이다.

"그래서 내가 당신 말을 들어서 얻는 게 뭔데?"

그러므로 기획을 통해 상대방으로 하여금 내가 원하는 행동을 이끌어 내고 읽자마자 당장 "O.K!"를 받아내는 워딩의 핵심은 바로 그들이 듣고 싶은 메시지를 전하는 것이다. "당신에게 이익을 준다.", "당신의 손해를 막아 준다." 똑똑한 워딩 디자인은 상대방의 혜택에 초점을 맞추는 것이다.

제품이나 서비스의 속성이나 특징이 아니라, 그것이 가져다줄 '혜택과 이득'을 강조하라. 속성이나 특징은 단지 그것이 '어떤 것인지'를 말해 주지만, 혜택은 그것을 '선택해야 하는 이유'를 알려 준다.

단순한 워딩이 가장 힘센 컨셉을 만든다! 2차 세계대전 중이던 1941년 윈스턴 처칠은 옥스퍼드 대학에서 졸업식 축사를 했다. 그는 늘 그렇듯이 위엄 있는 모습에 담배를 물고 졸업식장에 나타났다. 사람들의 열광적인 환호와 함께 연단에 섰다. 청중들은 숨죽인 채 그의 멋진 축사를 기다렸다. 드디어 그는 힘 있는 목소리로 첫 마디를 뗐다.

"포기하지 마라!(Never give up!)"

의외의 첫 마디에 청중들은 깜짝 놀랐다. 그리고 그는 말을 이었다.

"절대로, 절대로, 절대로, 절대로, 절대로, 절대로, 포기하지 말라!(Never, never, never, never, never, never give up!)"

단지 "never give up"을 일곱 번 반복한 것, 그것이 축사의 전부였다. 1분 만에 끝낸 연설이었지만 역사상 최고의 명연설로 남았다.

"한 번의 클릭으로 전 세계의 정보를 제공합니다."

구글이 처음 투자 유치를 할 때 사용한 카피였다. 지금도 이 카피는 그대로 힘을 유지하고 있다. 워딩은 짧을수록 강력한 힘을 발휘한다. 완벽함이란 더 이상 뺄 게 없는 단순함이다. 단번에 맥을 짚어라. 그 짧은 문장으로 컨셉을 드러내라. 기획의 90%는 컨셉이고, 컨셉은 글쓰기로 표현된다. 글쓰기는 명료함이 전부다. 명료하지 않으면 고객과 의사소통 자체가 불발된다. 짧고, 쉽고, 재밌게! 단 1초 만에 고객을 사로잡는 한마디를 만들려면 짧은 단어를 써야 한다. 짧은 단어는 '느끼는 것'이고, 긴 단어는 '생각하는 것'이다. 긴 문장을 최대한 줄여 한눈에 보이게 만들어야 한다.

- 수동태를 능동태로!
- 부정적인 단어를 긍정적인 단어로!
- 추상적인 단어를 구체적인 단어로!

결국 컨셉은 워딩이다. 어떤 단어를 어떻게 재조합했는지에 따라 소통의 승패가 갈린다. 모든 글쓰기는 최적의 단어를 찾고 배열하는 게 전부다. 사람들의 시선을 잡는 유일한 방법은 구구절절한 문장도, 요약이 필요한 단락도 아닌 단 한마디! 이게 컨셉의 핵심이다. '결정적 순간'이라는 말이 있다. 이 말은 상대방이 당신의 기획서에서 무릎을 치는 순간을 말한다. 이 순간에 그의 입에서는 "Simples!(간단해요!)"라는 감탄사가 나와야 한다. 이것이 컨셉 글쓰기 기술의 진수다. 기획은 언어로 승부하는 전쟁이다. 상대방에게 메시지를 제대로 전달하는 사업가, 마케터, 기획자만이 살아남는다. 단어가 미치는 영향력에 주목하라. 인간은 객관적 사실보다 '단어'에 더 큰 영향을 받는다. 인간의 마음은 언어의 지배를 받기 때문이다.

기획서 몸값 10배 높이는 워딩 디자인

어떤 종류의 기획서든 핵심은 정해져 있다. 그것은 바로 주제다. 문제를 해결하기보다 문제의 본질을 판단하는 것이 고품질 기획의 열쇠다. 해답의 질을 높이려면 앞서 강조했던 질문의 질을 높여야 한다. 그렇다면 주제란 무엇인가?

'무엇에 대한 답을 구할 것인가'가 기획의 본질이며 주제다. 주제를 제대로 알고 생각함으로써 본질에 집중할 수 있다. 논리만 열심히 만드는 사람들은 논리적 사고, 프레임워크 사고 같은 형식적 사고에 갇혀 제대로 본질을 이해하거나 해결할 수 없다. 주제의 질을 높이고 본질적 문제를 해결해야 한다.

그러기 위해서는 가치 판단이 우선이다. 문제는 '해결해야 하는 것'이라고 생각하기 전에 무엇이 문제인지, 무엇에 대한 답을 구하는 프로젝트인지를 판단하고 문제에 숨어 있는 가치를 발견하는 것이 기획자의 역할이다.

이러한 질문에 대한 답을 개념화한 것이 컨셉이며, 이를 짧은 글로 표현하는 것이 워딩 디자인이다. 고급진 워딩 디자인 기술은 다음과 같다.

워딩 디자인1. 은유적 카피

은유Metaphor는 마음을 움직이는 최고의 워딩 디자인 기술이다. 문장의 최고봉이 시詩이며 시를 이루는 핵심이 은유다. 은유가 없다면 시도 없고 가슴을 끌어당기는 힘도 사라진다. 은유는 깊은 생각과 영감을 짧은 문장 안에 가득 채운다. 컨셉의 숨결, 기획자의 심장 박동을 고스란히 전달하는 방법이 은유다. 아리스토텔레스는 "인간 가운데 가장 탁월한 인간이 은유하는 인간"이라고 했다.

은유는 전혀 이질적인 것에서 동질성을 발견하는 것이다. 은유는 사고의 융합이다. 융합을 통해 기존의 의미를 새로운 차원으로 이동시킨다. 모든 감정, 경험, 행동, 생각을 연결함으로써 새로운 개념을 창조하는 것이다.

'A=B'에서 A와 B의 의미적 유사성은 너무 유사하거나 너무 멀면 참신함의 매력이 떨어진다. 적정 거리에서 개념을 공유하는 것이 상대의 마음을 관통하는 새로운 개념을 만들어 낸다.

- "숲은 지구의 해열제다." - 유한 킴벌리

- "사랑은 동사다." - 대한적십자사

- "디테일이 프리미엄이다." - 크린랩

- "시간이 약은 아니죠." - 한독약품 케토톱

- "미인은 잠꾸러기?" - 에바스화장품 타임

- "그녀의 이름은 아시아나." - 아시아나항공

- "당신은 철없는 여자." - 철분강화제 헤모큐

- "초코파이는 정이다." - 오리온 초코파이

- "침대는 가구가 아닙니다. 과학입니다." - 에이스침대

- "마스크 착용은 또 하나의 예방주사입니다." - 공익광고

워딩 디자인2. 한눈에 반하는 한마디

한마디는 단지 내용을 줄여 쓰는 게 아니다. 한눈에 마음을 사로잡으려면 의도와 맥락에 꼭 맞는 결정적 한마디를 써야 한다. 이 결정적 한마디가 호기심을 자극하고 마음을 열어 주고 클릭하게 만든다. 그의 영화를 한 편도 보지 않은 사람이 드물 정도로 유명한 미국의 영화감독이자 제작자인 스티븐 스필버그도 말한다.

"나는 많은 사람을 위해 영화를 만든다. 하지만 나는 그들에게 한 번에 한 가지 이야기만 한다."

내 상품과 서비스의 장점을 주절주절 늘어놓는 것은 바보짓이다. 하나도 전달되지 않을 테니까. 딱 하나, 기획서를 읽는 사람이 기억해 줬으면 하는 그것만 강조하라. 그래야 그의 뇌리와 마음에 문신 같은 한마디를 새겨 넣을 수 있다.

쿠팡은 모든 회사의 역량을 빠른 배송에 집중했다. 쿠팡 고객들은 딱 하나만 기억한다.

'총알 배송!'

이 네 글자로 이커머스 시장의 경쟁 게임은 사실상 끝났다. 경쟁자들이 아무리 더 빠른 배송 서비스를 한다 해도 쿠팡 고객들의 뇌리에 한 번 박혀버린 '총알 배송'은 절대 지울 수 없다. 한마디는 오직 상대방이 원하는 '바로 그것'을 자극해야 한다. 비교 불가의 이익이나 혜택은 강력한 힘이 있다. 스티브 잡스가 아이팟을 소개하면서 했던 말을 한번 보자.

"당신의 주머니 속에 1,000곡의 음악을 가지고 다닐 수 있습니다."

그는 "5기가바이트 용량의 하드 드라이브입니다." 따위의 허접한 설명을 하지 않았다. 나의 제안이 그가 간절히 원하던 '바로 그것'을 해결해 주는 것보다 더 상대의 마음을 사로잡는 것이 뭐가 있겠는가.

사람들은 새로운 것에 끌리는 본능이 있다. 실리콘밸리에서 투자 유치에 성공하는 사업은 무조건 새로운 것이어야 한다. 새로운 비즈니스에 광적인 그들에게 하다 하다 화성 이주가 등장했다.

"2026년까지 화성에 사람을 이주시키겠다."

무려 2001년에 일론 머스크가 내놓은 우주 개발 구상이다. 소형 온실을 화성에 설치해 식물을 기르는 화성 오아시스^{Mars Oasis}라는 이름의 프로젝트는 한마디로 상상 이상의 새로운 제안이었고, 일론 머스크는 엄청난 자금을 투자받았다. 성공 여부는 둘째 문제다.

분명한 건 이 정도의 새로움과 과감한 제안은 무조건 사람들에게 주목을 받는다는 점이다. 사람들은 자신의 욕망을 자극받을 때 반응하게 되어 있다. 욕망을 자극하는 문장을 만드는 단어 사용 기술이 있다.

- "왜… 일까?"

- "도대체…. 왜, 어떻게… 했을까?"

- "OOO는 어떻게 … 하는가?"

- "OOO 기적을 만드는 비결, 비밀"

워딩 디자인3. 상식을 이기는 비상식

상식과 비상식, 누가 더 힘이 셀까? 당연히 비상식이 더 강력하고 더 주목을 받는다. 선과 악, 옳고 그름의 차원이 아니다. 뭔가 다르면 사람들은 호기심이 발동한다. 짧은 한두 문장으로 눈에 확 띄려면 과감하게 금기를 건드리든가, 이질적인 의미의 두 개념을 결합하든가 해서 파격이 있어야 한다.

기획은 편집이다. 모든 아이디어는 편집을 통해 다른 사람에게 전달된다. 기존의 생각을 새롭게 편집하는 일이 기획이다. 기존의 생각에 의도적인 도발을 하는 것이 똑똑한 기획이다. 기존의 제안에 약간 다른 색깔을 입혀서 '다시 제안하기'도 좋다. 다른 관점과 다른 논리로 가공하면 새로운 기획이 된다. 다른 것을 섞는 행위는 꽤 참신한 방법이다. 뛰어난 기획이란 상대방에게 새로운 맛을 제시하는 일이다. 비상식은 새로움의 다른 표현이다.

신문기사를 모두 꼼꼼히 읽는 사람은 거의 없다. 영화나 드라마도 도입부 10분을 보고 볼지 말지를 결정한다. 기획서 또한 마찬가지다. 컨셉을 표현한 첫 화두에서 계속 읽을지 말지를 선택한다. 내기획서에 별생각이 없는 상대방의 주의를 끌지 않으면 무조건 실패다. 그래서 제목과 카피에 컨셉을 제대로 표현하는 것이 가장 중요하다.

지루한 글은 기획서의 적이다. 아름답고 올바른 글 따위는 지루하고 졸릴 뿐이다. 그런 건 아마추어나 쓰는 것이다. 상대방을 지루하게 만들어서는 무조건 실패다. 금기, 욕망, 삐딱함, 돌발적 역린을 건드려라. 기획자는 금기를 깨는 선구자가 되어야 한다.

비상식의 글은 '상상력'에서 나온다. 상상력은 사람의 마음을 읽는 것이다. 상상력은 진보의 원동력이다. 생각은 행동을 앞서간다. 생각은 스스로 의식적으로 할 수 있으며, 이때 상상력은 그 엔진이 된다. 상상에서 나온 아이디어나 새로운 생각이 의도했던 결과를 얻으려면, 그것을 적용할 때도 상상력을 발휘해야 한다. 아이디어를 만들어 내고 효율적으로 이용하게 하는 힘 역시 상상력이다. 상상이란 현재 존재하거나 존재하지 않는 것, 지금까지 실제로 경험해 본 적 없는 것들을 머릿속에서 그려 보는 것이다.

상상력은 기획을 성공시키는 출발점이자 도착지다. 사람들은 물건이 아닌 문제 해결 방법을 산다. 그들은 드릴이 필요한 것이 아니라, 구멍을 원한다. 상상력은 사람들이 무엇을 원하는지를 알아내는 가장 좋은 수단이다.

차별화란 고객에게 자신과 거래해야 할 이유를 제공하기 위해 '창의적인 다름'을 드러내는 것이다. 상상을 만드는 것은 질문이다. 모든 위대한 아이디어는 질문에서 시작되었다. 생각하지 않으면 질문할 수 없다. 질문하지 않으면 생각할 수 없다. 누구나 질문을 받으면 생각하게 된다. 질문은 잠자고 있던 내 생각을 흔들어 깨운다. 질문은 본질을 이해하고 핵심을 잡아낸다. 기획에서 가장 중요한 것은 의문을 품고 질문하는 능력이다.

진짜 아는 것과 안다고 착각하는 것은 다르다. 질문을 하지 않거나 모른다는 건 무엇을 찾아야 하는지 모른다는 의미다. 일본이 잃어버린 30년을 겪고 있는 이유는 일본 국민들이 질문하는 방법을 잃어버렸기 때문이란다. 세계적인 경영 컨설턴트인 오마에 겐이치의 말이다. 질문은 목적지를 찾아내는 지도와 같다. 딱 떨어지는 컨셉을 글로 표현하기 위해 가장 필요한 일은 질문하는 것이다. 질문이 곧 답이다. 질문은 이미 그 안에 답을 담고 있다. 질문과 경청은 질량이 같다. 잘 듣지 못하면 좋은 질문을 할 수 없다.

"요점이 뭐지?"

"한마디로 줄이면 뭐라고 할 수 있을까?"
"그래서 결론은 뭐야?"

기획서를 읽는 사람들이 으레 던지는 이 같은 물음에 한마디로
답하는 것이 컨셉이 된다. 컨셉은 해법을 한마디로 요약한 것이다.
문제를 해결하기 위해 가장 먼저 해야 할 일은 그 이슈에 대한 정의
를 내리는 것이다. 이때 다른 관점으로 재정의하면 새로운 해법을
만날 수 있다.

"그게 무슨 의미지?
핵심이 뭐야?
왜 그런가?
정말 중요한 게 뭔데?
이 일을 왜 하지?"

현재 아는 것과 알고 싶은 것 사이의 간극을 발견하려는 충동을
느껴야 한다. 그게 호기심이다. 궁금해야 질문하게 된다. 혁신은 통
념에 대한 저항에서 나온다. 좋은 질문이란 통념에 저항하고 상식
을 걷어차는 질문이다. 누구나 당연하게 생각하고 받아들이는 것에
의문을 품는 것이다.

사람들이 당연하게 생각하는 것은 무엇인가? 정말 그런지 의문을 갖고 질문해 보라. 거기서 보석 광산을 발견하게 될 것이다. 천체를 연구하던 코페르니쿠스는 지구를 멈춰 놓고 태양을 아무리 돌려봐도 답이 나오지 않자, 태양을 멈추고 지구를 돌려보았다. 그리고 원하는 답을 얻었다. 이것이 그 유명한 코페르니쿠스의 지동설이 시작된 관점의 전환이다. 비상식이 상식을 이긴 인류 역사상 가장 위대한 발견이었다.

2장

진짜 최고들은
다른 것을 본다

THE
PLAN
NING

변화 맹시盲視, 즉 사회 혹은 시대의 변화를
알아채지 못하는 사람들이 있다.
이들은 자신의 관점만으로 세상을 보며,
해법을 찾으려고 한다.
너무나 오랫동안 한 분야에 집중하다 보니
익숙함과 편안함에 자기도 모르게 갇혀 있기 때문이다.
변화 맹시에 갇힌 사람들은 자신이 내린 결론을 과신한다.
어떤 특정한 것만 보면서
그것이 진실이라고 마음에서 확증적 결론을 내린다.
그러나 고수들은 다르다.
레오나르도 다 빈치는 "나의 모든 과학적·예술적 업적은
'보는 법'을 알았기 때문이었다."라고 말했다.
진짜 고수들은 새로운 생각을 하고
본질을 다르게 본다.
기획은 '보는 것'으로부터 결과가 만들어진다.

고수들이 보는
관점

본질을 보기 위한 도구, 단순함

"사는 것이 문제가 아니다. 어떻게 사는 것이 진정한 삶일까?"

셰익스피어의 「햄릿」에 나오는 이 대사를 스티브 잡스는 이렇게
바꿨다.

"뭔가를 만드는 것이 중요한 것이 아니다. 우리는 왜 이 제품
을 만드는가?"

무엇을 어떻게 만드는지가 아니라 왜 그것을 만드는지가 더 중요하다.

"애플이 진짜 되고 싶은 건 뭐지?"

이 질문이 위대한 기업 애플을 만들었다. 스티브 잡스는 "세상이 조금이나마 괜찮은 것은 애플이 있기 때문이다. 애플이 하지 않으면 아무도 하지 않는다. 그래서 우리는 여기에 있는 것이다."라고 말했다. 혁신의 아이콘 아이폰은 "왜?"라는 질문에서 탄생했다. 본질을 묻는 질문이 빠진 기획은 죽은 기획이다. 질문은 안정을 파괴한다. 고정된 사고의 틀을 산산이 부숴버린다. 질문만이 기획에 생명을 불어넣는다.

애플의 기술자들은 잡스가 요구하는 수준의 아이맥을 만드는 것은 불가능하다고 주장했다. 그러자 잡스는 이렇게 말했다.

"애플의 CEO는 나요. 내가 가능하다고 생각하고 있소."

기획자는 자신이 기획하는 프로젝트의 원천 설계자이자 사실상의 CEO다. 질문을 통해 남들이 생각하지 못했던 원대한 꿈을 품어야 한다. 그리고 기획자가 가능하다고 생각한다면 그 프로젝트는 이루어질 수 있는 것이다. 차별화된 기획은 끊임없이 다른 질문을 찾는 과정에서 만들어진다. 주어진 시간의 90%는 다른 질문을 찾는 데 쓰여야 한다. 알베르트 아인슈타인이 남긴 말이다.

> "질문이 정답보다 중요하다. 곧 죽을 상황에 처해 단 1시간의 시간이 내게 주어진다면, 나는 55분을 질문을 찾는 데 할애할 것이다. 올바른 질문은 답을 찾는 데 5분도 걸리지 않게 한다."

세인트존스 대학은 기존 대학과는 다른 강의를 한다. 교수는 일반적인 강의 대신 학생들에게 4년간 고전 100권을 읽게 하고 토론으로 수업을 진행한다. 세인트존스 대학은 질문의 힘을 믿는다. 학생들은 남다른 질문에서 남다른 꿈을 찾는다. 그들이 집중하는 교육은 '생각하는 방법, 토론 능력, 글쓰기'다. 하루에 읽어야 할 책만 300~400쪽이다. 그들은 시험을 위한 공부를 하지 않는다. 모든 공부와 훈련은 생각을 위한 것이고, 질문에 질문이 계속 이어지는 수업을 받는다. 고전 100권은 이 3가지를 훈련하는 도구이며, 모든 교육을 관통하는 목표는 '질문하는 능력'을 키우는 것이다.

진정한 기획자로서 자기만의 색깔을 확고히 구축하고 싶다면 세인트존스 대학처럼 생각하고 질문하는 훈련부터 해야 한다. 본질을 보기 위한 가장 확실한 도구는 '단순함'이다. 아무리 복잡해 보여도 사물의 본질을 파헤치면 내면은 아주 단순한 경우가 많다. 본질을 잡아내지 못하면 해법도 찾아낼 수 없다. 기획에서 단순함을 실천할 수 있는 가장 좋은 방법은 무엇일까?

최대한 짧게 쓰는 것이다. 핵심을 '한 페이지'로 요약하는 것이다. 아수 중요하고 복잡한 것이라도 대부분의 주제는 한 페이지로 요약할 수 있다. 생전에 자신이 만들었던 광고처럼 평생 단순함을 삶의 모토로 추구했던 '광고의 아버지' 데이비드 오길비는 "나는 무조건 간결한 것이 좋다고 믿는다."라고 말했다.

비즈니스를 어렵게 만드는 방법은 모든 것을 복잡하게 만드는 것이다. 반대로 쉽게 만드는 방법은 본질 중심으로 최대한 단순화하는 것이다. 복잡한 비즈니스의 해법은 오히려 단순함에 있다. 진정한 단순함은 본질을 보는 능력이다. 단순함의 힘은 본질을 꿰뚫어 본다는 데 있다. 그곳에 답이 있다.

통찰은 사물의 내면에 숨어 있는 본질을 꿰뚫어 보는 것이다. 문제를 해결하려는 강력한 의지가 통찰적 에너지를 만든다. 통찰은 과거에 존재하지 않던 새로운 것을 만들어 내는 게 아니다. 이미 존재하는 것들을 발굴하여 다른 관점으로 연결하여 새로운 의미를 부여하는 것이 바로 통찰이다.

갈릴레이는 피사의 대성당에서 일하는 청소원이 지붕 끝에 매달아 놓은 램프를 닦고 있는 것을 보았다. 그런데 청소원이 그 자리를 떠난 한참 후에도 램프는 여전히 흔들리고 있었다. 갈릴레이는 이것을 그냥 지나치지 않았다. 램프는 크게 흔들리든 작게 흔들리든 한 번 흔들리는 데 걸리는 시간이 같다는 점을 알게 되었고 이는 진자의 동시성을 발견하는 계기가 되었다. 그의 발견은 시간을 측정하는 장치를 만들어 냈고 이는 의사들의 진단에 큰 도움이 되었다. 아무것도 아닌 것 같은 현상을 그냥 지나쳤더라면 결코 발견할 수 없었을 위대한 통찰이다.

상식과 통념을 뛰어넘어 보기

외적으로 드러난 것만 볼 것인가, 그 안에 숨은 본질을 꿰뚫어 볼 것인가? 우리가 보려는 진정한 실체를 덮고 있는 것은 무엇일까? 본질은 언제나 현상 뒤에 숨어 있는 법이다. 사람들은 본질을 들여다보려는 노력 대신 현상의 겉모습을 결론으로 삼는 우를 범한다. 가장 큰 문제점은 자신만의 관점으로 생각하지 않고 상식과 통념에 머문다는 것이다. 그래서는 제대로 된 해결책을 내기 어렵다. 그렇다고 자신이 세운 가설만을 고집하는 것도 좋지 않다. 가설이란 본래 새로운 정보나 상황에 따라 변하고 발전하는 것이다. 가설을 고집과 혼동해서는 안 된다. 가설이 진실이 아닐 수도 있음을 늘 염두에 두어야 한다.

'본다'는 말의 한자어는 '견見'과 '관觀' 둘 중 하나다. 이 둘은 어떻게 다를까?

견見: 이미지를 자동적으로 무의식적으로 인지하는 것.

관觀: 의식적이고 신중하고 진지하게 생각하면서 '내면의 본질'을 찾는 것.

이 둘의 차이를 생각해 보면 '무엇을' '어떻게' 보느냐가 왜 중요한지 알 수 있다. 프로 기획자라면 눈이 아니라 두뇌, 혹은 마음으로 볼 수 있어야 한다. 대다수 사람들은 사진을 볼 때 피사체에 집중한다. 그러나 뛰어난 포토 아티스트는 다른 것에 집중한다. 그것은 바로 그림자다. 그림자를 통해 카메라 각도, 조리개 사용 방식 등을 파악하고 그 이미지가 완성된 방식을 찾아낸다. 초점의 대상에 따라 관점이 달라지고, 관점은 관찰의 시작이다. 타인의 관점은 타인의 입장에 서 보기만 하는 것이 아니라, 그 사람의 눈으로 보면서 세상이 어떤 모습인지 이해하는 것이다. 내가 다른 사람들의 관점에서 보듯이 남들도 나의 관점에서 보게 해 주는 것이 기획의 목적이다. 공유의 관점을 얻으려면 상대를 제대로 이해하고 우선 공감을 끌어내야 한다. 공감은 다른 사람의 입장에 서고 그 사람의 감정과 관점을 이해한다는 것을 보여 주는 행동이다. 관점을 바꾸면 안 보이던 것이 보이기도 하고, 새롭게 보이기도 한다.

나는 지금 눈에 보이는 것만 보려고 하는가? 아니면 안 보이는 것도 의도적으로 보려고 하는가? 어떤 목적을 갖고 어디를 바라보고 무엇을 추구하느냐에 따라 보이는 세계가 전혀 다를 수 있다. 영화 〈트루먼 쇼〉에 나오는 대사를 보자.

"우리는 진짜 현실을 보는 것이 아니라 그저 우리 눈앞에 펼쳐지는 세상만을 진짜 현실로 착각할 뿐이다."

기획자라면 마땅히 관점의 기준은 '핵심 가치'다. 가장 소중하다고 생각하는 가치, 혼란스러운 상황에서 나침반 역할을 하는 핵심 가치다. 핵심 가치를 판단하기 위한 도구 역시 '질문'이 최고다.

- 무엇을 성취해야 하는가?
- 우선순위는 무엇인가?
- 주고받을 수 있는 가치는 무엇인가?
- 실천 방법은 무엇인가?

- 필요한 것은 무엇인가?
- 걸림돌은 무엇인가?

'보는 것[觀]'과 '듣는 것[聽]'은 동일한 개념이다. 경청傾聽은 겉소리가 아니라 속소리를 듣는 것이다. 경傾은 몸과 생각을 본질과 핵심 가치에 '기울이는 것'이고, 청聽은 눈을 열십자로 크게 뜨고 마음을 일치하여 귀를 길게 늘어뜨리는 사람을 의미한다. 본질을 포착하기까지 판단을 유보하고 눈과 귀를 열어서 끝까지 보고 들어야 한다.

> "발견은 누구나 본 것을 보되, 누구도 생각지 못한 것을 생각하는 일이다."
> – 알베르트 센트죄르지

새로운 것을 발견하려면 끈질긴 집중력이 필요하다. 정신을 집중하지 않으면 우리 신체의 눈과 두뇌가 변화를 감지하는 능력이 급격히 떨어진다. 2005년 런던 킹스칼리지 연구에 따르면 주의가 산만하면 IQ조차도 10~15% 정도 떨어진다. 이것은 성인이 여덟 살 수준으로 떨어지는 것과 같다.

모든 발명은 창조가 아니라 발견이다. 발견은 더 오래, 더 깊게 볼수록 더 높은 가치를 찾아낼 수 있다. 아이작 뉴튼도 "내가 가치 있고 대단한 뭔가를 발견한 게 있다면 다른 어떤 재능보다도 끈기 있게 집중하는 재능 덕분이다."라고 말했다.

큰 그림으로 전체를 보라. 세부 사항에 매몰되면 전체를 관통하는 중요한 메시지를 놓칠 수 있다. 동시에 세부적으로도 봐야 한다. 숨어 있는 1%의 본질을 놓치면 다른 99%는 가치 없게 된다. 질은 언제나 양을 이긴다는 말을 잊지 마라.

어떤 분야든 모든 고수들의 공통점은 본질을 이해하는 데 시간과 노력이라는 투자를 조금도 아까워하지 않는다는 점이다. 이것이 진짜 기획자로 우뚝 설 수 있는 가장 중요한 덕목이다.

선택과 집중,
사실은 편견일 수 있다

기획자의 융합적 관점

선택과 집중! 그것은 전략적으로 볼 때 대부분 옳다. 효율성, 생존 가능성, 이익을 극대화하기 위한 불문율이다. 수단과 방법을 가리지 않고 살아남아야 하는 경영자의 입장에서는 특히 그렇다. 그러나 기획자의 입장은 다르다.

경영자가 오직 하나의 목표를 향해 달려갈 때 기획자는 또 다른 길을 모색해야 한다. 선택과 집중을 빙자한 편견에 빠지기 쉽기 때문이다. 편견이 위장된 것일 가능성이 있다. 편견은 필연적으로 대립적 관점을 피하기 어렵다. 기획자의 관점은 경쟁Competition이 아니라 시너지Synergy여야 한다. 사람들은 이것 아니면 저것, 양자택일의 관점을 당연하게 생각한다. 그래서 무엇이든 둘로 나누려고 한다.

기독교 - 이슬람교

합리론 - 경험론

선 - 악

진보 - 보수

이상 - 현실

음 - 양

찬성 - 반대

과연 이렇게 둘로 나눠 놓고 선택을 요구하는 것이 맞을까? 참이 아니면 거짓이라는 대립 상황은 왜 생기는 것일까? 선택과 판단의 기준이 다르기 때문이다. 이런 이분법적 사고에는 함정이 있다.

논리적으로는 가능, But 사실적으로는 불가능 | 충돌 모순 | 논리적으로는 불가능, But 사실적으로는 가능

세상의 많은 일이 논리적으로는 가능하지만, 사실적으로는 불가능하거나 그 반대의 경우가 많다. 그러면 스스로 모순에 빠지게 된다. 기획자는 양자택일이 아니라 융합적 관점에서 모순되는 것들을 연결하거나 섞어서 다른 개념을 엮어내는 사람이어야 한다.

칸트 이전의 유럽 철학은 독일의 합리주의와 영국의 경험주의가 대립하고 있었다. 합리주의는 합리적인 사고를 바탕으로 이상을 추구했다. 인간은 타고난 선험적 인식 능력으로 최선의 합리적 판단을 할 수 있다는 것이 합리주의다. 합리주의의 대표 주자는 데카르트다. "나는 생각한다. 그러므로 존재한다."라는 말이 바로 합리주의를 대변하고 있다.

그에 반해 영국의 경험주의는 철저하게 경험을 통해 검증된 것만이 사실이고 진실이라는 주장이다. 직접적인 경험만을 가장 확실한 것으로 간주하고, 살아가는 과정에서 경험을 통해 진실을 판단할 수 있는 관념이 형성된다고 보았다. 앞서서 생각하는 것만으로는 진실을 인식할 수 없다고 본 것이다. 경험주의는 '꿀벌'의 예를 든다. 꿀벌들이 이 꽃 저 꽃에서 꽃가루를 모아 그것들을 재료로 사용하여 질적으로 새로운 물질인 꿀을 만든다. 즉, 실제로 관찰되어 알려진 사실에 근거해서 새로운 주장, 판단, 진리를 발견할 수 있다고 본 것이다. 영국의 경험주의는 실험과 관찰을 중시했고, 결과적으로 산업혁명의 철학적 근거가 되었다.

합리론자는 객관성을 중시했고 경험론자는 주관성을 중시했으나 두 이론 모두 한계가 있었다.

합리론자, 즉 객관주의는 실증을 통한 앎의 중요성에 소극적이었으며 이성적인 지식만을 너무 중시하다 보니 경험이나 실험을 경시하고 자기 중심적인 독단주의에 빠지는 경향이 많았다.

그에 반해 경험론자, 즉 주관주의도 논리적으로 설명할 수 없는 것이 있었다. '경험에 의해 인식되지 않는 앎은 어떻게 설명할 것인가?'라는 질문에 할 말이 없는 것이다. 모든 사람이 똑같은 상황이나 경험을 반복할 수 없는데 무엇이 진실이란 말인가? 각각의 사람의 감각 기능을 통해 얻어진 앎을 체계화하기 어렵다는 한계도 있었다.

그런데 서양 철학의 종결자라고 불리는 칸트는 이 둘의 싸움을 다음과 같은 말로 끝냈다. "모든 인식은 2가지 종류의 요인, 즉 경험적 요인과 합리적 요인이 합쳐져 만들어진다." 이것이 칸트의 인식론이다.

- 시각, 청각, 촉각 등 감　- '개념'을 적용해서 질서
　각기관을 통해 유입되　　를 부여하는 틀
　는 정보　　　　　　　- 옳고 그름에 대한 판단
- 질서가 집혀 있지 않음　- 명제가 성립하고 문장
　　　　　　　　　　　　으로 체계화

　칸트의 이론은 세상의 그 무엇도 완전무결한 객관성과 합리성을 지닌 것은 없으며, 어떤 생각이든 기본적으로 주관적이며, 다만 타인들도 공감할 수 있도록 합리성과 객관성, 보편성을 가진 논리적 주장을 어떻게 펼치느냐가 관건이라는 말이다.

　요컨대 이것이 옳다, 저것이 옳다 싸울 필요가 없다는 것이다. 합리론과 경험론의 진흙탕 싸움은 이렇게 간단히, 그리고 허무하게 끝이 났다.

　기획자들은 칸트의 말에 귀를 기울여야 한다. 기획자는 경험주의와 합리주의를 적절히 섞어 논리화하는 사람이어야 한다. 양자택일, 혹은 선택과 집중을 빙자한 편견이나 일면성에 갇혀선 안 된다. 올바른 판단의 기준은 아래와 같이 '사실성+합리성' 그리고 '현재+미래의 가치'로 판단해야 한다.

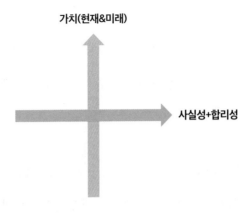

가치(현재&미래)

사실성+합리성

기획은 쌍방의 시너지를 도모하는 것

기획은 질문을 통해 정체성을 찾아 나서는 것이다. 질문은 우주
와 세상 속에서 자신의 위치를 점검하는 것이다. 결국 인생이 그러
하듯 기획 그 자체는 의미와 본질에 대한 질문을 추구하는 과정이
다. 칸트의 인식론을 바탕으로 한 걸음 더 나아가면 이런 질문이 성
립된다.

• '선' 혹은 '공익'이란 무엇인가?

• 정의란 무엇인가?

• For what? For whom?

바로 이 질문이 인간 사회의 근본적인 질문이다. 기획의 근본적인 목적은 무엇인가? 나와 상대방이 모두 지금보다 더 좋은 것을 얻는 것이다. 공익, 정의, 공공의 선, 다른 말로 하자면 '시너지'를 만들자는 것이 기획이다. 한쪽으로 쏠리는 것은 원칙에서 벗어나고 제안은 성립되지 않는다.

시너지는 타협이나 합의 그 이상의 의미다. 시너지가 빠진 기획은 죽은 기획이다. 타협은 충돌 시스템 안에서 무언가를 얻기 위해 양쪽 모두 어떤 것을 포기해야 한다. 합의는 어떤 제안에 대해 모두가 동의하는 부분을 지지하는 것으로, 수동적으로 최소한의 공통분모를 찾는 접근법이다. 타협이든 합의든 양쪽 모두 만족스럽지 않다.

충돌 시스템에서는 한 가지 견해가 결국은 우세하게 되는 것이다. 상대적으로 열세한 집단은 실망한 결과 때문에 새로운 시스템이 작동하는 것을 꺼리게 된다. 결국 충돌 시스템은 오래 지속될 수 없는 결과를 남긴다. 충돌 시스템의 가장 큰 결점은 더 좋은 아이디어를 찾지 못했을 때는 돌아갈 곳이 없다는 점이다. 이것은 기획의 치명적인 위험 요소다. 그런 종류의 기획에서 승자는 없다.

기획자에겐 여러 개의 눈이 필요하다. 즉, 다자의 관점으로 봐야 한다. 경쟁을 하는 사람은 상대방의 생각에서 약점을 찾으려고 한다. 그러나 상대방의 진정한 견해가 무엇인지 자세히 이해해야 한다. 상대방을 이해하는 것은 진실에 접근하기 위한 것이다. 이것은 마치 전쟁에서 적군의 영토를 자세히 정찰하는 것과 비슷하다. 그러나 적군을 파괴하기 위한 것이 아니라 건설적인 목적으로 상대방을 관찰하는 것이다.

관찰할 때는 중립적이고 객관적으로 하는 것이 무엇보다 중요하다. 일치한 의견과 불일치한 의견을 나누어 비교하라. 양쪽의 견해를 비교하면서 일치하는 영역과 일치하지 않는 영역을 구분한다. 대개의 경우 중립적으로 비교해 보면 의견 차이는 그리 크지 않을 수 있다. 효과적인 비교를 위해서는 양쪽 모두 일치하지 않는 영역을 정확히 볼 수 있어야 한다.

"우리가 정말로 의견이 일치하지 않는 영역은 바로 이 지점이다." 라고 핵심을 잡아내야 한다.

다자의 관점으로 이해하는 것은 객관적인 관점을 갖기 위한 것이다.

선택과 집중은 자칫하면 보고 싶은 것만 보게 만들 수 있다. 그것이 진실이기를 간절히 바라는 마음이 확증적 결론을 내리게 한다.

원하는 결과를 기대하면 그 기대를 뒷받침하는 증거에만 생각의 초점을 맞춰 욕구, 희망 사항, 기대를 진짜 사실로 착각하게 된다. 왜냐하면 인간은 확실성, 안전, 오만함을 지향하는 본성을 지니고 있기 때문이다. 이런 성향은 인간의 두뇌가 특정 패턴을 만들고 그 패턴을 이용하는 시스템으로 작용하는 데서 생겨난다. 인간은 가능한 한 빨리 확실성을 발견하고 확실성과 동화하고 싶어 한다. 이를 '확증 편향'이라고 부른다. 인간이 가장 불안해하고 두려워하는 것은 불확실성이 지속되는 것이다.

물론 기획은 하나의 과제, 하나의 질문, 하나의 해법을 찾아내는 일이다. 그러므로 필연적으로 선택과 집중이라는 원칙을 벗어날 수는 없다. 하지만 처음부터 다른 가능성을 배제하거나, 위장된 편견이 되어서는 안 된다.

예컨대, 여기 두 의사가 있다.

A의사: 자신의 경험에 기초하여 신속하게 진단을 내리고, 그 진단을 자신만만하게 주장하며, 확신에 가득 차서 진료하는 의사.

B의사: 주의 깊게 관찰하여 할 수 있는 한 많은 대안을 만들어내고, 시험을 통해 대안을 점검하고, 마침내 진단을 내리며 그

에 따라 치료하는 의사.

(그리고 여전히 자신이 내린 진단에 대해 오류의 가능성을 열어 둔다.)

어떤 의사에게 진료를 받는 것이 좋을까? 많은 사람들이 확신과 자신감에 찬 첫 번째 의사를 선호할 수 있다. 두 번째 의사가 가능한 대안을 모두 이야기하는 것은 듣고 싶지 않고, 자신 없어 우유부단한 모습으로 비칠 수 있다. 그러나 첫 번째 의사의 지나친 자신감은 그가 끔찍한 실수를 할 때도 그대로 적용될지 모른다.

좋은 기획은 실행 단계에서의 위험을 미리 예상하고 피할 수 있어야 하며 대안을 제시할 수 있어야 한다.

세상은 흑백이 아니라
무지개색이다

세상에 정답은 없다

인간이 만든 세상에 정답이란 것이 있을까? 음陰/양陽, 찬성/반대, 선/악, 합리론/경험론, 분석 판단/종합 판단, 사실/가치, 참/거짓….

과연 절대적인 옳음과 절대적인 틀림이 존재할까? 적어도 인간의 세상에는 '절대적'인 것은 없다. 그 사이에는 수많은 선택지가 있다. 순수한 검정색이나 흰색은 없다. 검정과 흰색 사이의 무수한 회색 중에 선택하는 것이다.

정답은 없다. 정답에 조금이라도 더 가까운 것을 선택하는 것이다. 세상은 총천연색으로 가득 차 있고, 그 색들의 조합에 따라 무한한 새로운 색이 만들어진다. 그러므로 흑백 논리에 갇혀 있는 것만큼 어리석은 것도 없다.

사람들은 자신과 다른 관점을 편견이라고 쉽게 비난하는 경향이 있다. 누구에게나 편견이 있고 우리는 생물학적으로 많은 편견을 가지고 태어난다. 하지만 편견이 다 나쁜 것만은 아니다. 편견은 '다른 관점'이기도 하다. 누구나 자신이 좋아하고, 이미 알고, 익숙한 것에서 안정감과 편안함, 친밀감을 느낀다. 그것과 반대로 낯선 것에는 불편함을 느낀다.

그런데 발전적이지 못한 편견도 있다. 그것이 오래되면 고정관념이 된다. 고정관념의 함정에서 빠져나오는 3가지 방법이 있다.

- 자신의 편견과 진실을 혼동하지 말아야 한다. 오히려 편견을 이용해서 사실을 발견할 수 있다.
- 자신의 편견을 인지하는 즉시 나쁜 편견을 최대한 빨리 제거해야 한다. 자신의 편견을 인지하고 수용하는 데서 진짜 눈이 열린다.
- 다른 관점을 활용할 수 있어야 한다. 타인의 관점을 이용해서 자신의 편견을 가치 있는 다른 관점으로 전환할 수 있다.

기획은 이러한 열린 관점을 바탕으로 만들어진다. 생각하기는 요리와 같다. 같은 재료라 할지라도 어떤 재료를 어떻게 혼합하느냐에 따라 얼마든지 다른 요리가 만들어진다. 재료의 혼합에서 가장 중요한 것은 결국 '열린 관점'이다. 열린 관점이 다른 결과를 만든다.

열린 관점이란 자신이 아는 것뿐 아니라 모르는 것도 아는 것이다. '나는 무엇을 모르는가?'라는 질문은 답을 찾는 데 결정적 도움을 받을 수 있다. 그래서 더 큰 가치를 발견할 수 있는 기회를 얻을 수 있다.

기획 고수들의 공통점, 패턴 인식 능력

최고 수준의 기획자들이 혼돈의 상황에서도 최대한 정답에 가까운 것을 찾아내는 것은 바로 '패턴 읽기' 능력(어떤 사람들은 통찰력이라고 말한다)을 통해 전략을 제시하기 때문이다. 성공이든 실패든 거기에는 반드시 공통적 요소들이 있다. 그것이 패턴이다. 인간의 두뇌는 본능적으로 패턴을 찾기 위해 노력한다. 왜냐하면 패턴을 찾아내는 것이 바로 생존의 필수조건이기 때문이다. 스티브 잡스, 빌 게이츠, 일론 머스크, 워런 버핏 같은 천재들의 공통점이 바로 패턴 인식 능력이다. 그들은 과거에 자신이 목격한 성공 사례와 현재 일

어나는 변화를 연결해 성공 가능성이 높은 기회를 포착하는 남다른
능력을 갖고 있다.

패턴 인식 능력은 성공하는 데 중요한 역할을 하며, 그것이 바로
지적 능력의 핵심 포인트다. 패턴을 읽고 전략을 제시하기 위해서
는 다음과 같은 3단계 과정을 거친다.

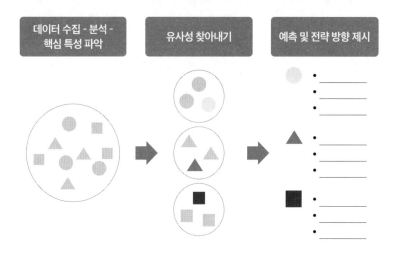

1단계. 데이터 수집-분석-특성 파악

Garbage in, garbage out[GIGO]은 '쓰레기가 들어가면 쓰레기가
나온다'는 뜻이다. 높은 수준의 패턴을 인식하려면 데이터의 질이
중요하다. 질 높은 기획은 질 높은 데이터를 확보하는 데서 시작된

다. 데이터를 분석하려면 관점을 바꿔야 한다. 관점을 어떻게 바꿀 수 있을까?

- 반대로 접근하기(역방향으로 생각하기)
- 순서, 구조 바꾸기
- 위치나 입장 바꿔서 생각하기
- 줌인/줌아웃(특정한 한 부분을 잘라오기/디테일을 무시하고 큰 틀에서 바라보기)

그런 다음 핵심 특성을 파악한다. 이를 위해서는 다음과 같은 질문이 필요하다.

- "본질이 무엇인가?"
- "무엇이 매력적인가?"
- "무엇이 다른가?"
- "어떻게 응용할 수 있나?"

혁신가는 틀을 깨는 질문을 던지고, 추종자는 정해진 규칙을 따른다.

2단계. 유사성 찾아내기

데이터 간에 유사성이 많은 것을 모아 동질성을 극대화하고, 서로 다른 그룹 간에는 그 차이(이질성)를 극대화하는 것을 말한다. 즉, 비슷한 특징을 갖는 것끼리 소집단으로 묶어 내는 것이다. 이 과정을 통해 복잡한 상황을 단순화함으로써 패턴을 이해할 수 있고, 버릴 것과 취할 것, 즉 정확한 가치 판단을 할 수 있게 된다.

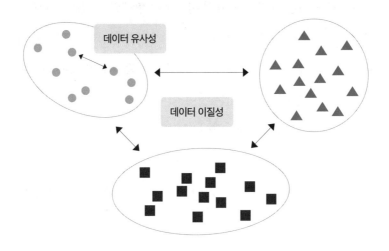

3단계. 예측 및 전략 방향 제시

주어진 상황에 대한 데이터를 분석함으로써 합리적인 정확성을 가지고 가까운 미래와 변화를 예측하는 것은 매우 중요하다. 논리적이고 설득력 있는 기획은 정확하고 시기적절한 예측 모델을 근거로 만들어진다. 예측 분석은 다음에 일어날 상황을 판단하는 데 도움이 되며, 처방 분석은 어떤 조치, 선택을 해야 더 좋은 결과를 얻을 수 있는지를 알 수 있게 한다. 이런 분석은 예측 분석을 바탕으로 최선의 의사결정과 전략을 제시하기 위해 수많은 요소를 고려한다.

흑백 논리, 대립적 관점에 빠지지 마라. 사람마다 인지 필터가 다르므로 얼마든지 다른 사람의 관점에서 탐색할 수 있다. 다른 사람의 눈으로 다르게 보는 훈련을 하라. 자신과 관점이나 의견이 다른 사람일수록 다른 것을 보게 된다. 다른 사람의 눈을 활용하는 것은 자신의 무능함을 드러내는 것이 아니다. 뛰어난 셰프는 기존의 맛에 전혀 다른 식감을 첨가하여 새로운 맛을 만들어 낸다. 부드러운 음식에 간간이 씹히는 단단함, 달콤한 음식 속의 매콤함, 따뜻한 음식에 더한 차가운 디저트…. 이런 것이 더 맛있는 기획을 만들어 준다.

차별화!
차별화! 차별화!

따라가지 않고 스스로 구별 짓는다

　세계 최고의 프로축구 리그인 잉글랜드 프리미어리그. 그곳에서는 최고 수준의 플레이어들이 최고 수준의 경기장에서 최고의 흥행 성적을 내며, 관중들에게 최고의 만족감을 안겨 준다. 1980년대 잉글랜드 축구 리그는 독일의 분데스리가나 이탈리아의 세리에 A, 스페인의 프리메라리가보다 훨씬 뒤처져 있었다. 영국축구협회는 축구 종주국의 위상 회복이라는 기치를 내걸고 1992년 프리미어리그를 출범시켰다. 그리고 불과 15년 만에 프리미어리그는 세계 최고의 위치에 올랐다. 프리미어리그는 어떻게 최고가 되었을까?

첫째, 세계 최고의 창의적인 선수들을 불러모았다.

유럽 출신의 선수들은 실력이 뛰어나면 프리미어리그에서 뛸 수 있었지만, 비유럽 지역 선수들은 자신이 속한 국가가 FIFA 랭킹 70위 안에 들어야 하며, 선수는 국가 간 경기인 A매치에서 지난 2년간 최소 75%의 경기에 출장한 경력이 있어야 했다. 즉, 확실하게 검증된 세계 최고 수준이 아니면 프리미어리그에서 뛸 수 없게 만든 것이다. 세계 최고의 선수들은 포지션 하나를 놓고 또다시 엄청난 경쟁을 한다.

둘째, 창의적인 흥행 방식이다.

프리미어리그 경기장은 관중들이 선수들의 숨소리까지 들릴 만큼 관중석이 경기장에 가깝다. 중계 카메라는 매우 다양한 각도에서 최대한 실감나는 영상을 만든다. 선수들의 땀방울과 근육의 움직임까지 생생하게 잡아낸다. 시청자와 관중들은 자신이 선수들과 함께 호흡하고 있다고 느낀다.

셋째, 지독한 무한경쟁 시스템이다.

프리미어리그 팀은 총 20개다. 매 정규 시즌 후 하위 2개 팀은 2부 리그로 강등된다. 전체 팀 중 하위 10%는 퇴출되는 것이다. 다음 시즌에는 2부 리그 1위 팀과 2, 3, 4위 팀 중 경쟁에서 이긴 한

팀이 1부로 올라간다. 살아남기 위해서는 죽기 살기로 뛰지 않으면 안 되는 구조다. 최고의 리그에 들어가려면 자신이 최고라는 증명을 스스로 하라는 것이다. 이 과정에서 끊임없이 최고 수준의 새로운 선수들이 유입된다.

최고 수준의 아웃라이어들은 자신이 설정한 목표에 완전히 미쳐 있다. 미켈란젤로는 무려 15년 동안 시스티나 성당의 천장에 매달려 '천지창조'를 그렸다. 레오나르도 다 빈치는 모나리자를 그리는 데 약 4년이 걸렸지만 여전히 미완성이었고, 그 후 다시 12년이 걸려 완성했다. 그는 그 12년을 모나리자의 입술을 그리는 데 소비했다. 뭔가 어색하면서도 오묘한 미소를 짓고 있는 그 입술을 그리는 데 걸린 시간이 무려 12년이었다.

위대한 고수들의 공통점은 타고난 재능만이 아니라 강렬한 호기심과 쇠심줄 같은 끈기다. 아인슈타인은 결코 신동이 아니었으며, 톨스토이, 카프카, 에디슨도 어렸을 때는 누구도 이들의 위대한 미래 모습을 상상할 수 없었다.

스스로 완전히 다른 곳에 위치하고자 한다면 끈질긴 호기심을 질문으로 파고드는 지독한 독종이 되어야 한다.

차별화는 사람들 머릿속에서 만들어진다

어떤 스타트업에서 고생 끝에 기존 제품과 다른 기발한 제품을 만들어 시장에 내놓았다. 그런데 그걸 본 시장 선도기업이 그들의 제품을 분해해서 그들의 기술적 장점을 알아내 조금 더 좋은 제품을 만들었다. 스타트업은 얼마 후 문을 닫고 말았다.

여기서 차별화가 단지 '남들과 다른 수준'에 머물면 안 된다는 것을 알 수 있다. 남들이 쉽게 흉내 낼 수 있으면 차별화는 곧 사라지고 만다. 차별화는 누구도 쉽게 흉내 내기 어려울 만큼 달라야 한다. 그런데 기술적으로는 이것이 거의 불가능하다. 특허나 의장등록도 소용없다. 그런 건 얼마든지 회피할 수 있다. 기업들은 제품의 기능이나 품질에 엄청나게 투자하지만, 결국에는 성능은 엇비슷하면서 가격은 저렴한 제품이 나오고 만다.

그렇다면 어떻게 해야 할까? 기술이나 효용성의 차별화에는 한계가 있지만, 소비자의 마음속에 '하나밖에 없는 것'이라고 인식시키는 것은 가능하다. 제품이 아니라 '인식의 차별화'를 해야 한다는 뜻이다. 진정한 차별화는 사람들의 머릿속에서 이루어진다. 사람들의 마음에 한 번 깊이 새겨지면 그걸 뒤집기는 매우 어렵다.

"진정한 탐험의 여정은 새로운 경치를 찾는 데 있는 것이 아니라, 새로운 시각으로 보는 것에 있다."

-프랑스 소설가 '마르셀 프루스트'

1997년 스티브 잡스가 추락하는 애플을 살리기 위해 복귀했다. 애플은 주가가 20분의 1로 떨어질 정도로 완전히 망해 가고 있었다. 직원들은 자신들이 개발 중인 컴퓨터가 IBM에 비해 정보 처리 속도, 메모리 용량 등이 얼마나 더 나은 제품인지 열심히 설명했다. 그러나 스티브 잡스는 다른 말을 했다.

"경쟁사보다 더 잘 만드는 걸로는 충분하지 않습니다. 다르게 만들어야 합니다.(Better is not enough, Try to be different.)"

사람들은 새로운 제품이나 서비스를 만나면 가장 먼저 "이건 뭐가 다르죠?"라고 묻는다. 차별화, 즉 뭔가 다름을 찾는 것은 인간의 본능이다. 차별화는 상식 밖의 유아독존 식의 뭔가를 만드는 것이 아니다. 차별화는 아주 작은 다름과 차이를 '어떻게 부각시키느냐'가 핵심이다. 차별화의 시작은 '이 프로젝트는 왜, 무엇을 위해?'에 대한 정의에서 시작된다. 작은 차이를 만드는 것, 그것이 큰 성공을 낳는다.

자기 스스로 아무리 장점을 떠들어 봐야 아무도 관심을 보이지 않는다. 중요한 건 남들이 어떻게 생각하는지, 그들이 나의 제안을 듣고 무엇을 떠올리는지가 중요하다. 그것이 차별화의 본질인 '인식의 차별화'이자 '작게 차별화된 컨셉'이다. 차별화는 큰 것보다 작은 것이 더 좋다. 좁고 깊고 작을수록 차별화는 오히려 선명해진다.

예전에는 스타벅스가 가장 좋아보였는데 이제는 사장님 혼자 원두를 갈아주는 세상에 하나밖에 없는 한적하고 작은 카페가 더 좋다.

차별화의 중심에는 '인간의 마음'이 있어야 한다. 나 혼자가 아닌 그가 나를 사랑해 줘야 궁극의 차별화가 이루어진다. 차별화는 '반짝' 하는 아이디어에서 만들어지지 않는다.

사람들의 사고 과정과 감정을 이해하고, 그들이 왜 구입하는지에 대한 메커니즘을 파악해야 한다. 파는 사람의 머릿속이 아니라, 상대방의 마음속에서 차별화 전략이 나와야 성공할 수 있다. 낚시에서 성공하려면 물고기가 좋아하는 것을 제공해야 한다. 여기서 전략이 나온다. 차별화의 첫 번째 핵심은 소비자, 즉 상대방이 좋다고 생각하게 만드는 것이다. 실리콘밸리의 전설적인 투자자 피터 틸은 "경쟁하지 말고 차별화하여 독보적인 1인자가 되어야 한다."고 강조한다.

상상력이 빠진 기획서에는 뻔한 결론만 있다

차별화가 얼마나 중요한지는 누구나 아는 사실이다. 기존에 없었거나 혹은 다른 개념, 즉 차별화는 어떻게 만들어 낼 수 있을까? 누구나 기획은 논리성, 합리성, 객관성으로 무장하는 것이 당연하다고 생각한다. 그러나 그보다 더 중요한 것이 있다. 비논리적이고 비합리적이며 지극히 주관적인 상상력이 선행되어야 한다. 상상력이 빠진 기획서는 죽은 기획서다. 상대방의 마음을 움직이지 못하기 때문이다. 논리성, 합리성, 객관성만으로는 누구나 다 그렇다고 생각하는 뻔한 결론이 도출될 수밖에 없다.

비즈니스, 경영, 기획 등에 예술적 상상력이 필요할까? 당연히 그렇다. 아래 피카소의 그림을 보자. 누구나 잘 알지만 아무나 이해하기 힘든 「게르니카」라는 작품이다.

파블로 피카소의 작품은 누가 봐도 비정상적이다. 신체의 각 부위가 엉뚱한 곳에 붙어 있고 뒤틀려 있으며 전통적인 구도와 원근법을 깡그리 무시한 파격적인 화면 구성이다. 다 빈치, 미켈란젤로 등 르네상스 거장들은 물론이고, 피카소의 바로 한 세대 위 화가인 고흐, 고갱과 비교해도 피카소의 작품에서는 전통적 예술의 아름다움을 느끼기가 매우 어렵다. 피카소 작품은 전통적 시각으로 보면 이해할 수 없다. 일반적인 관점, 공간과 시점의 제한을 벗어나 상상의 눈으로 봐야 한다. 그는 원근법과 명암법 등 기존 회화 법칙을 모조리 해체해 버렸다. 그리고 자신만의 독창적이고 무한한 관찰 시점을 만들어 냈다. 심지어 자신의 틀을 가차없이 깨부수며 새로움을 만들어 갔다. 이 과정을 통해 피카소는 스스로 다른 세상을 만들어 간 것이다.

그는 평소 "나는 찾지 않는다. 발견한다."라고 말했다. 그는 "창조의 모든 행위는 파괴에서 비롯된다."라며 자신의 세계를 과감히 파괴했다. 그리고 마침내 미술의 절대 원칙인 원근법, 명암법까지 무너뜨리고 누구도 생각하지 못했던 '입체주의 시대'를 열었다. 바로 이런 것이 차별화이자 컨셉이다. 기획에는 예술적 상상력이 담겨야 한다.

"상상이 사실보다 진실하다. 창조적인 일에는 상상력이 지식보다 더 중요하다. 상상할 수 없다면 창조할 수 없다. 상상력은 단순히 진실을 발견하게 하는 것만이 아니라 진실을 이룬다."

– 피카소

피카소는 상상의 눈으로 본 것을 그렸다. 상상할 수 없다면 새로운 길은 만들어지지 않는다. 새로운 길을 만들어 내지 못하면 다른 사람이 이미 지나간 길을 따라갈 수밖에 없다. 그렇게 된다면 다른 사람의 눈으로, 그들의 생각으로 세상을 보게 된다.

기획은 생각을 형상화하는 것이다. 형상화는 세계를 재창조한다. 우리는 상상한 것만을 창조할 수 있다. 상상한 만큼만 현실로 이루어진다. 기획서에 가슴 뛰는 상상을 그려 넣어라. 가슴이 뛰지 않으면 아무것도 아니다.

우리의 뇌는 현실과 상상을 구분하지 않는다. 뇌는 실제 세계의 진실이 무엇인지 상관하지 않는다. 아무나 누구도 바랄 수 없는 것을 상상하고, 거기에 자신만의 논리와 합리성이라는 옷을 입혀라. 그러면 지금까지 존재하지 않았던 색깔을 창조할 수 있다.

차별화는 익숙함 위의 '다름'을 길들이는 것이다. 생텍쥐페리의 소설에 나오는 어린 왕자와 여우의 대화가 의미심장하다.

어린 왕자가 말했다. "길들여진다는 게 무슨 뜻이야?"

여우가 말했다. "사람들은 너무나 그걸 쉽게 잊지. 그건 관계가 생긴다는 뜻이야."

"관계가 생긴다구?"

"그래." 여우가 말했다.

"지금 내게 넌 세상에 흔한 여러 아이들과 전혀 다를 게 없어. 그래서 난 네가 필요 없어. 너 역시 내가 필요 없지. 나도 세상에 흔해 빠진 여우들과 전혀 다를 게 없는 여우일 뿐이니까. 그러나 네가 나를 길들이면 우리는 서로 필요해져. 너는 나한테 이 세상에 단 하나밖에 없는 아이가 될 거구…."

"알 것 같아." 어린 왕자가 말했다. "꽃이 하나 있어…. 그 꽃이 나를 길들인 것 같아…."

어린 왕자는 자기의 별에 두고 온 꽃을 그리워한다. 자기도 모르게 꽃에게 길들여진 것이다. 길들여지면 관계가 생긴다. 브랜드는 사람들을 길들이기 위한 강력한 수단이다. 그리고 진입장벽으로서 경쟁력의 원천적 뿌리가 된다. 비즈니스의 최종 목표는 나의 브랜드에 길들여진 충성도 높은 고객을 만드는 것이다.

05

본질 위에
'다름'을 입혀라

강점을 더욱 강하게!

본질적 가치가 없는 차별화는 노른자 없는 계란이다. 그렇다면 본질은 어떻게 찾을 수 있나? 질문을 통해서다. 답이 아니라 질문을 찾아야 한다. 무엇을 물어야 하나? 세상의 모든 과학, 철학, 종교는 질문에서 비롯된다. 그런데 사람들은 질문이 아닌, '남들의 답'에서 시작하려 한다. 다시 물어봐야 한다.

"정말 그러한가?"

'Why?'는 시작과 끝을 묻는 것이다. 그리고 본질적 이유와 가치를 물을 때 사용한다.

'How?'는 시작과 끝의 과정을 묻는 것이다. 포기하지 않는 방법을 물을 때 사용한다.

- 가치를 묻는다.
- 더 깊은 근원을 묻는다.
- 과거에서 미래를 묻는다.
- 오랫동안 믿어온 진실을 의심한다.

진짜 문제는 '진짜 이유'를 모르는 것이다.

'진짜 이유'를 모르면 남들이 다 하고 남은 '설거지'만 하게 될 뿐이다. 설거지란 남들이 이미 연구한 것을 정리하는 것이다.

새로운 시선에서 세상을 바라보는 것이 아니라, 남들이 이미 정해 놓은 공식으로 생각하는 것이다. 새로운 질문보다는 남들이 이미 다 정리해 놓은 교과서적 사고를 복습하는 것이다. 신은 인간에게 하고 싶은 말을 직접 명령하거나 알려주지 않는다. 인간이 스스로 질문을 던져 그 질문에 대한 답을 찾도록 산파 역할을 할 뿐이다. 질문은 인간의 도전에 의미를 부여하는 노력이다.

답을 아는 것보다 훨씬 더 중요한 것은 어떤 질문을 하느냐를 아는 것이다.

어떤 질문을 해야 하는지를 질문하라.

무엇을 질문해야 하는지를 생각하라.

간단한 문장으로 직설적으로 물어라. 묻고자 하는 바가 정확하게 전달되어야 한다. 본질과 주제에 집중할 수 있는 질문을 하라. 의미 있는 질문인지 생각하라. 질문이 기획의 운명을 결정한다. 창의적인 사람은 질문하는 사람이다.

창의적 사고를 끌어내는 주된 자극은 핵심을 공략하는 질문이다. 하나의 질문으로 뼈가 드러날 때까지 고기를 발라내라. 이것이 기획이다.

"나의 작품들은 원래 그 돌덩이 안에 있던 거다.

나는 단지 불필요한 것들을 걷어냈을 뿐이다"

–미켈란젤로

여기에 어떻게 '다름'을 입혀야 할까? 본질을 찾아낸 다음 거기에 다름을 입히면 진정한 차별화를 이룰 수 있다. 지속 가능한 차별화는 자신의 약점을 보완하는 수준이 아니라 강점을 더욱 강하게 살리는 과정에서 만들어진다.

이렇게 말하면 으레 "강점이 없는데요?"라고 반문하는 사람들이 있다. 여기서 강점은 아주 엄청난 뭔가를 말하는 것이 아니다. 조금만 달라도 1등이 될 수 있다. 그래서 누구나 희망이 있는 것이다.

　사람들은 굉장한 뭔가를 보여 줘야만 선택하는 것이 아니다. 대부분 아주 작은 차이만으로도 얼마든지 다른 선택을 하는 것이 사람의 마음이다. 세상을 움직이는 엄청난 천재와 평범한 사람 간의 DNA 차이는 얼마나 될까? 미국의 인간 게놈 연구기관인 크레이그 벤터 연구소 소장 크레이그 벤터는 사람들 간의 DNA 유사도가 99%라는 사실을 밝혀 냈다. 사람들의 DNA 차이가 겨우 1%밖에 안 된다. 그런데 이 1%가 어마어마한 능력의 차이를 보여 준다는 것이다. 마찬가지로 기획 또한 작은 차이를 얼마나 효과적으로 인식시키느냐에 따라 결과는 완전히 달라진다.

　모든 것은 작은 것에서 시작된다. 차별화는 작게 시작하는 것이다. 그 작은 것이 결국은 큰 차이를 만들어 낸다. 즉, 시작의 작은 차이가 큰 결과를 이뤄 내는 것이다.

딱 한 가지 POD를 만들어라

　차별화를 하려면 먼저 '다름의 포인트'를 정해야 한다. 그것을 'POD^{Point Of Difference}'라고 한다. POD는 딱 하나여야 한다. 히말라야 산맥에서 가장 높은 봉우리는 딱 하나 에베레스트인 것처럼.

스티브 잡스가 애플을 기사회생시킨 첫 작품은 아이맥iMac이었다. 아이맥의 POD는 이런저런 뛰어난 성능이 아니라 속이 들여다보이는 멋진 디자인이었다. 뒤이어 나온 아이팟은 노래 1,000곡이 주머니에 쏙 들어가는 미니 사이즈의 간편함으로 기존의 워크맨을 시장에서 지워 버렸다. 그리고 아이폰은 세상을 바꾼 최초의 스마트폰으로서 애플을 세상에서 가장 비싼 회사로 만들었다. 바로 이거다. 사람들은 딱 하나만 콕 짚어 주는 것을 좋아한다. '사람들이 좋아하는 딱 하나'가 되려면 아래 조건 중에서 최소한 한 가지는 명확해야 한다.

- **최초(First)**
- 남보다 먼저 시작하거나
- 최신이거나
- **유일(Only one)**
- 다른 곳에는 없거나
- 독특한 디자인이거나
- **최고 (Best)**
- 아주 작은 시장이라도 1등이거나
- 최고의 유명인이 좋아하거나

- 아주 오래된 전통이 있거나

POD 조건1. 최초^{First}

남보다 먼저 시작하는 것은 확실한 장점, 즉 오리지널이 될 수 있다. 한 번 오리지널로 인정받으면 생명력은 거의 영원히 보장된다. 왜냐하면 사람들은 뿌리를 추구하려는 본능이 있기 때문이다. 오리지널은 가장 강력한 차별화다.

- 건강 음료: 박카스

- 조립 장난감: 레고

- 소염진통제: 안티푸라민

- 피부보습제: 바세린

- 면도기: 질레트

- 샤프 연필: 샤프

- 일회용 손수건: 크리넥스

- 라이터: 지포

- 메모지: 포스트잇

- 즉석 카메라: 폴라로이드

- 스포츠 전용 운동화: 아디다스

- 소화 음료: 활명수

오리지널과 반대 개념인 '최신'도 최초로서의 장점을 가질 수 있다. 사람들은 자신이 속한 사회에서 뒤처져 보이거나 감각이 떨어져 보이고 싶어 하지 않는다. 인간은 사회적 동물이기 때문이다. 최신이라는 단어는 신선함, 참신함, 새로움, 혁신, 앞서감, 1등, 첨단, 인정받는 등의 좋은 느낌을 준다. 그러므로 최신을 표방하는 것은 시대의 흐름에 뒤떨어지지 않고 앞서가는 시대정신을 보여 주는 것으로 여겨진다.

POD 조건2. 유일Only one

'다른 곳에는 없는', '세계에서 유일한' 등 이것처럼 강력한 메시지도 없을 것이다. 세상에서 유일하다는데 달리 무슨 설명이 필요한가? 그런데 유일함은 대단히 엄청난 발명을 해야 얻어지는 것은 아니다. 기존의 제품에서 뭐든 다르게 하면 '세계에서 유일한…'이 될 수 있다.

그 다름이 독특한 디자인이 될 수도 있다. 디자인이 다르면 사람들에게 쉽게 눈에 띄며 매력적으로 다가간다. 덴마크의 오디오 브랜드 뱅앤올룹슨은 최상위급 하이앤드 오디오는 아니다. 그러나 부자들은 뱅앤올룹슨을 아주 좋아한다. 이유는 디자인이 독특해서 거실 장식품으로 매우 어울리기 때문이다. 폭스바겐의 비틀은 독일을 대표하는 명실상부한 자동차 브랜드다. 독일 자동차 역사에 한 획을 그은 명차로 평가받는다. 비틀은 영어권에서의 이름이고, 독일에서는 'Kafer(케퍼)'라고 부른다. 자동차 전문가들은 비틀은 악마와 천재의 합작품이라고 말한다. 최근까지도 명맥이 이어지면서 그야말로 장수 브랜드였다. 비틀이 명차가 된 딱 하나의 강력한 POD는 작고 귀여운 딱정벌레 디자인 덕분이다.

사람들은 누구나 자신이 다른 사람들과는 다르다는 것을 드러내고 싶어 한다. 이건 거의 본능이다. 자연계에서 다름을 드러내는 데 목숨을 거는 동물은 아마 인간이 유일할 것이다.

POD 조건3. 최고Best

아주 작은 시장이라도 1등이 되면 최고라는 훈장을 달 수 있다. 광화문 옆 서촌에는 서울에서 가장 유명한 40년 된 삼계탕집이 있다. '토속촌 삼계탕'이다. 이 식당은 1년 사시사철 사람들로 붐빈다. 여름에는 땡볕에서 1시간 줄 서는 것도 마다하지 않는다. 그 이유는 무엇일까? 이곳에 와야만 경험할 수 있는 맛이 있기 때문이다. 40년 동안 수많은 사람들이 프랜차이즈를 요청했지만 모두 거절당했다. 누구도 모방할 수 없는 고유의 맛을 유지하기 위해서란다. 이러면 사람들을 무조건 찾아오게 만드는 1등이 될 수 있다. 사람들은 1등만 기억한다. 2등은 아무도 기억하지 않는다. 하나의 분야에서 '오직 그것뿐'인 최고가 되어야 한다.

자신이 1등이 아니라면 최고의 유명인이 좋아하게 만드는 방법
도 있다. 강남 논현동에 평범한 식당이 있다. 대표 메뉴는 쌈밥과
부대찌개다. 정갈하게 나오는 쌈밥과 돌솥비빔밥도 맛있고 특히 부
대찌개는 특유의 신김치 국물이 일품이다. 그런데 이 식당은 어느
순간부터 한국에 오는 여행자들의 필수 여행코스가 되었다. 이유
는 바로 세계적인 그룹 BTS가 자주 가는 단골 맛집이기 때문이다.
BTS 소속사와 연습실이 이 식당 근처에 있어 자주 들른다는 소문이
돌면서 한순간에 전 세계 BTS의 팬덤인 아미들의 성지가 되었다.

사람들은 자신이 좋아하는 유명인과의 연대감, 소속감을 자랑하
고 싶어 한다. 그래서 그들이 좋아하는 것이라면 무엇이든 따라 하
는 방법으로 자신들의 욕구를 표현한다. 즉, '후광반사 효과'를 경
험하고 싶은 것이다.

마지막으로, 가장 오래된 전통 역시 강력한 POD라고 할 수 있다. 대부분의 사람들은 사실 포도주의 맛을 식별하면서 즐기지 않는다. 그럼에도 빈티지(생산연도)가 오래된 와인이라면 맛이 어떻든 그냥 좋다고 생각하고 먹는다. 오랜 숙성의 세월을 인정해 주는 것이다.

이탈리아 피렌체의 가죽 제품이나, 일본의 오래된 노포 식당들이 최고로 인정받는 이유도 대대로 물려받은 것, 전통, 문화적 유산에 대한 진정성 때문이다.

모든 명품은 저마다의 전통이나 유래를 강조한다. 자신들의 헤리티지Heritage가 차별화의 뿌리이기 때문이다. 그런데 자신의 브랜드 역사가 얼마 되지 않았다 해도 역사와 전통을 표현할 수 있는 방법이 있다. 자신의 제품이나 서비스를 오래된 그 지역만의 특산품이나 역사적인 유래와 연결시키는 것이다. 남들이 갖지 못한 세월을 자기 것으로 만드는 전략이다. 이것은 브랜드에 대한 신뢰와 가치를 높이는 훌륭한 차별화 방안이다.

06

고정관념은 덫이 아니라 보석상자다

고정관념의 재발견

고정관념이란 이유도 모르면서 당연해 보이니까 무조건 받아들이는 것을 말한다. 그러나 '모르는 것'과 '당연한 것'과는 아무런 상관관계가 없다. 모르는 것은 알아봐야 하고, 당연한 것은 정말 그러한지 따져 봐야 한다. 고정관념을 재해석하다 보면 지금까지 미처 발견하지 못했던 새로운 생각을 만날 수 있다.

세상에 무조건 따질 필요도 없는 당연함이란 없다. 당연하다고 생각한 것에 의문을 품는 것이 중요하다. 의문疑問을 가지는 것은 의심疑心이고, 의심의 필터를 거쳐야 진실을 얻을 수 있다. 다른 생각을 하려면 '당연하다고 믿는 것들'에 대한 의심의 검문을 거쳐야 한다.

그렇게 함으로써 우리는 고정관념을 재해석할 수 있는 기회를 얻을 수 있다. 당연해 보이는 것을 그냥 당연하다고 믿는 순간부터 고정관념의 지배를 받는다. 반면에 당연함에 의문을 가지는 순간 우리의 상상력은 고정관념 속에서 새로운 생각을 발견할 수 있게 된다.

기획자들은 고정관념을 마치 악마의 올가미 정도로 생각한다. 실제로 고정관념에서 자유로운 사람을 만나기는 쉽지 않다. 고정관념을 죽도록 싫어하면서도 거기서 벗어나지 못하는 모순의 틀에 갇혀 있다. 그러나 고정관념은 피해야 할 덫이나 함정이 아니라 새로운 생각과 다른 관점을 얻을 수 있는 보물창고다.

많은 사람들이 공유하는 고정관념의 견고한 한계점을 뒤집는 것일수록 더 큰 공감대를 만들어 낼 수 있다. 즉, 고정관념은 다른 생각의 씨앗이자 근원이 되는 것이다. 단단한 고정관념을 재해석하여 다른 가능성을 보여 줄 수만 있다면, 단단한 고정관념에 비례하여 큰 가치로 인정받을 수 있다.

예를 들어 보자. 라면 국물은 왜 빨간색일까? 하얀 국물은 어떨까? 그래서 대히트를 친 라면이 팔도 꼬꼬면이다. 꼬꼬면은 한국 라면 시장 절대강자 신라면을 긴장하게 만들 정도였고, 고객들이 꼬꼬면을 찾아서 매장 순례를 해야 할 정도의 인기를 누렸다. 그리고 이제는 라면 역사에서 한 획을 그은 라면이 되었다. 꼬꼬면이 나오면서 하얀 국물 라면이 시장에 봇물처럼 쏟아졌다.

이처럼 고정관념은 오히려 극복하기만 하면 보석이 되는 아름다운 원석으로 생각해야 한다. 고정관념은 상상력을 멈추게도 하지만 다른 각도에서 재해석하면 보석으로 탈바꿈하기도 한다. 그러니 내가 가진 고정관념이 무엇인지 알아채는 것이 필요하다. 왜냐하면 우리의 인식 속 고정관념은 "내가 바로 그놈이요!"라고 정체를 드러내지 않기 때문이다.

고정관념은 오랜 세월 동안 반복적으로 경험하고 익숙해지면서 마치 사실이자 진실인 것처럼 모든 사람의 인식 속에 깊이 숨어 있다. 어떤 고정관념이 있는지 발견하는 것은 보석의 원석을 발견하는 것만큼 중요한 일이다.

상상력은 전문가들만의 영토가 아니다

전문가는 신이 아니다. 그러므로 그들의 말이 진리는 아니다. 단지 의견일 뿐이다. 그런데도 누군가에게 그들의 말은 정말로 벗어나기 힘든 고정관념의 덫이 되기도 한다. 전문가의 말이라고 덮어 놓고 믿어 버리거나 그로 인해 스스로 생각하는 스위치를 꺼 버리면 안 된다. 전문가의 생각을 자신의 생각과 버무려 자기만의 생각을 도출해 내는 적극적인 태도가 중요하다.

다이슨이 기존의 진공청소기의 먼지 봉투가 청소기의 흡입력을 떨어뜨린다는 것을 알고 5천 번이 넘는 시행착오 끝에 먼지봉투가 없는 신개념 진공청소기를 개발했다. 하지만 마케팅 전문가들은 소비자들이 먼지봉투보다 더러운 먼지통을 더 꺼려할 것이라고 비웃었다. 다이슨은 기존 업체와의 협력을 통해 제품을 유통하려는 계획을 바꾸고 자신이 직접 유통회사를 만들어 소비자들을 설득시켰다. 다이슨의 진공청소기는 기존 제품보다 5~10배나 비싼 가격에도 불구하고 출시 2년 만에 영국에서 가장 많이 팔리는 청소기가 되었다. 지금은 전 세계에서 혁신의 아이콘으로 인정받으며 엄청나게 성공한 브랜드가 되었다.

예일대학 학생이었던 프레드릭 스미스는 자신의 경제학 교수에게 이전에 없었던 새로운 물류 시스템에 대한 아이디어를 리포트로 제출했다. 자전거 바퀴의 중심축 같은 역할을 할 허브 지역에 화물을 집결시킨 후 그곳에서 화물을 재분류하여 주변 지역으로 배송하는 시스템이었다.

그러나 경제학 교수의 평가는 C학점이었다. 기존의 물류 시스템 기준으로 봤을 때 현실성이 없다고 본 것이다. 그러나 스미스는 졸업 후 자신의 아이디어를 실천할 회사를 만들었고, 그 회사는 지금 세계에서 가장 큰 물류회사인 페덱스FedEx가 되었다. 경제학 전문가의 평가는 C 학점이었지만, 비전문가인 고객들은 A+ 학점을 준 것이었다.

다이슨의 창업자 제임스 다이슨은 아예 "전문가의 말을 듣지 마라"라고 말한다. '배움'은 누군가로부터 일방적으로 받아들이는 것이 아니라, 그의 생각과 나의 생각을 잘 섞어서 새로운 생각으로 빚어 내는 과정이다. 즉, 배운다는 것은 그의 생각과 나의 생각을 융합하여 더 나은 뭔가를 발견하는 것이다. 새로운 생각은 다른 사람이 축적한 지식과 경험을 받아들인다고 해서 저절로 만들어지는 것이 아니다. 특정한 목표를 지향하거나 어떤 문제를 해결하기 위해 기존의 지식과 정보를 재가공하는 사고의 과정에서 발견되는 것이다.

정보가 아무리 많아도 재가공하는 과정에서 상상력이 발휘되지 않으면 새로운 생각은 만들어지지 않는다. 오히려 오랜 세월 동안 축적된 견고한 지식의 장벽이 자유로운 상상력을 제한하여 새로운 생각의 씨앗을 아예 싹도 틔우지 못하게 만들 수도 있다. 아이디어는 상상력의 영역인데, 상상력은 전문가들만의 영토가 아니다. 전문가나 아마추어나 동일한 선에서 경쟁할 수 있는 것이 상상력이다. 전문가들은 새로운 생각에 대해 '왜 안 되는지, 어떤 점이 불가능한지'를 찾으려는 경향이 많으나 창조자들은 자신의 아이디어에 상상력이라는 날개를 달아 '실현할 수 있는 방법'을 찾으려고 노력한다.

통찰력은 타인의 의견에 끌려가지 않고 자신의 생각에 자신감을 가질 때 비로소 성장하게 된다. 예전에 미처 가 보지 않았던 방향으로 생각을 펼칠 수 있는 용기, 다른 생각과 만났을 때 기꺼이 마음의 문을 열고 섞여 볼 용기, 자신의 생각보다 더 좋은 생각을 만났을 때 그때까지의 자기 생각을 버리고 새로운 생각을 받아들일 수 있는 용기가 통찰력을 만든다.

통찰력이란 '본질을 꿰뚫어 보는 능력' 혹은 '다른 의미로 재해석할 수 있는 능력'이다. 통찰력은 저 하늘의 별이 아니다. 그 별을 보는 다른 '각도'일 뿐이다. 다른 각도는 다른 생각을 훈련함으로써 폭을 넓힐 수 있다. 생각이란 아무것도 없는 완전한 무無에서 갑자기 발명되는 것이 아니다.

이미 존재하는 것들을 관찰하고 그것을 다른 의미로 재해석하는 과정에서 '발견'되는 것이다. 본질을 파악하고 그 속에 내재한 새로운 가능성을 발견하는 능력이다. 새롭게 생각하려는 태도는 기존의 고정된 각도를 벗어나서 다양한 관점에서 새로운 가능성을 포착하게 만들어 준다.

사물을 보는 단 하나의 올바른 방법이란 없다. 관점은 다양하며 총천연색이다. 변하지 않는 정답은 없다. 늘 누군가의 '의심'에서 새로운 정답이 만들어진다. 중요한 것은 원하는 변화를 정의하고 원하는 변화가 일어날 때 그것을 인식할 수 있느냐다. 이때도 질문은 모든 생각과 행위에 변화를 줄 수 있다.

- 어떻게 해야 변화를 가장 잘 인식할 수 있는가?
- 어떤 변화가 유용한지 어떻게 분간할 수 있는가?
- 인식의 변화를 잘 이용할 수 있는 방법은 무엇인가?

상식적인 생각으로 마땅한 해결책이 나오지 않으면 비상식적인 생각으로 다르게 구상해 봐야 한다. 누군가가 무엇인가를 다른 방식으로 하거나 다른 방식으로 바라볼 때 변화가 일어난다. 의심하는 견해는 의견[疑見]이다. 의견[疑見]을 통해 의견[意見]이 만들어지고, 의견[意見]이 새로운 정답으로 채택될 수도 있다. 그러므로 이미 만들어진 정답에 일단 의문[疑問]의 화살을 던져야 한다.

'Life'라는 단어의 한가운데에는 'if'가 들어 있다. 우리의 삶에는 다양한 가능성이 존재한다는 의미다.

"만약…?"

'만약'은 다른 관점으로 새로운 정답을 탐색할 수 있는 강력한 도구다. 약자가 강자를 이길 수 있고, 추종자가 새로운 게임의 설계자가 되도록 만들어 준다. 우화를 비틀어서 생각해 보자.

Story. 1
토끼가 거북이에게 달리기 경주를 하자고 제안한다. 게임의 결과는 거북이의 승리였다. 토끼가 중간에 늘어지게 잠을 잤기 때문이다. 토끼와 거북이의 다른 점은 무엇이었을까? 토끼의 시선은 느리게 기어오는 거북이에게만 있었기에 잠을 잔 것이다. 하지만 거북이의 시선은 토끼가 아니라 산꼭대기, 즉 목표 지점이었다. 토끼가 자든 말든 거북이는 무조건 목표 지점에 도달하는 자기만의 게임이었던 것이다. 거북이는 스스로 게임의 의미를 설정했기에 처음부터 승리자였다.

Story. 2

첫 게임에서 진 토끼가 거북이에게 재경기를 요청했다. 이번에는 절대 중간에 잠을 자지 않겠노라 결심하면서…. 그런데 거북이가 흔쾌히 수락하면서 새로운 제안을 했다. "바다에서 사는 거북이, 산에서 사는 토끼가 공정한 게임을 하려면 총 거리의 절반은 바다에서, 나머지 절반은 산에서 경주를 하자." 토끼는 게임을 포기했고 이번에도 거북이는 승리했다. 거북이는 게임의 설계자였다.

누군가 이미 만들어 놓은 정답에 의하면 '토끼는 언제나 거북이보다 빠르다. 그러므로 둘이 경주를 하면 토끼가 이기는 것은 당연하다'였다. 그러나 거북이는 '정말 그럴까?' 의심했고, '만약, 바다에서 경주를 한다면?'이라고 관점을 바꿔 다른 게임을 설계함으로써 새로운 정답을 만들었다. 사람들은 모두 같은 하늘 아래 살지만 바라보는 지평선은 모두 다르다.

07

'말도 안 되는 소리?', 아니 '다른 생각'

처음엔 모두 황당했다

상식적으로 납득이 안 되면 당연히 황당할 수밖에 없다. 그런데 상식이란 납득의 기준이 될 수 없다. 왜냐하면 상식은 진리가 아니기 때문이다. 상식은 과거의 경험을 기준으로 판단하는 것이기에 미래를 판단하고 예측할 능력이 없다. 그 말도 안 되는 다른 소리가 타당성을 떠나서 오히려 상당히 미래지향적이다.

과거 기준으로 미래를 평가할 수 있을까? 인류의 발전에 혁명적인 기여를 했던 거의 모든 아이디어가 처음엔 누구나 '말도 안 되는 소리'라고 외면당했다.

코페르니쿠스가 당시 진리처럼 믿어 온 천동설의 오류를 지적하며 새롭게 주장한 지동설은 갈릴레오의 확인과 뉴턴의 보편타당성을 통해 세상에 인정받기까지 무려 150년 이상 '말도 안 되는 소리'였다.

빌 게이츠가 모든 사람의 책상 위에 컴퓨터가 놓이고, 그 모든 컴퓨터에 자신이 만든 소프트웨어를 깔겠다고 했을 때 말이 되는 소리라고 누가 생각했을까?

가진 자원이라곤 겨울의 혹독한 추위뿐이었던 강원도 화천군이 강력한 한파가 몰아칠 때 물고기 낚시로 지역 축제를 하면 사람들이 몰려올 것이라는 말을 누가 믿어 줬을까? 당연히 말도 안 되는 소리였다. 그러나 겨우 2만 4천 명이 사는 화천군에 매년 100만 명이 넘는 사람들이 그 추운 날 축제를 즐기기 위해 몰려 들고 있다. 도대체 무엇이 말도 안 되는 소리일까?

과거의 상식은 죽고 그 말도 안 되는 소리가 미래의 언젠가는 진리가 될 수 있다. 과거의 상식은 미래에 빛날 보석 같은 아이디어를 쓰레기 취급하는 경우가 너무나 많다. 상식적으로 말이 안 되는 소리를 덮고 있는 먼지를 닦아 내라. 그 속에는 빛나는 보석이 숨어 있을 가능성이 크다.

몰상식, 말이 안 되는 소리, 비정상, 터무니없음이라는 진흙 속에서 오랜 세월 인정받지 못하고 있던 숨은 진주를 찾아내라. 기획자는 역설逆說로 역설力說하는 전문가가 되어야 한다.

대부분 평범한 사람들이 머무는 범위를 벗어나 극단의 꼭짓점에 치중하는 사람들을 어떻게 생각하는가. 이들은 사람들의 상식과 고정관념에 문제를 제기하고 의문을 품고 비상식적인 상상력으로 보통 사람들은 하지 못할 생각을 아무렇지도 않게 한다.

대부분의 사람들은 80% 안에 진실이 있다고 믿는다. 그것이 '파레토 법칙Pareto Theory'이다. 80 대 20 법칙이라고 불리는 파레토 법칙은 상위 20% 매출을 차지하는 베스트셀러 상품이 전체 매출액의 80%를 차지하므로 소위 히트 상품을 중심으로 한 마케팅 전략을 말한다. 파레토 법칙은 한동안 사회학의 정설이었다. 오죽하면 '법칙'이라고 했을까.

그런데 인터넷 시대가 열리면서 파레토 법칙의 상대적 개념으로 새로운 이론이 나왔다. 바로 롱테일 법칙Long Tail Theory이다. 여기에도 '법칙'이라는 꼬리표가 달려 있다. 롱테일 법칙이란 비핵심 80%가 핵심 20%보다 더 큰 가치를 창출한다는 이론이다.

원래 주류는 비주류를 인정하지 않으려고 한다. 하지만 상식을 거스르는 몰상식, 정상을 부정하는 비정상, 주류에 태클을 거는 비주류, 주류에 섞이지 않고 독불장군의 길을 걷는 변두리에서 시대의 가치를 창조해 내고 대중들에게 감동을 주는 새물결이 시작된다. 과거의 기준으로 말이 되는 소리는 태생적으로 미래의 기준을 충족시키기 어렵다. 상식은 과거에 경험하고 축적된 것이기에 과거지향적일 수밖에 없으므로 미래를 바라볼 수 있는 렌즈로써 적합하지 않다.

지금 기획하고 있는 프로젝트의 가치 판단 기준은 무엇인가? 기획이란 과거를 해결하는 것이 아닌(과거에 시작된 문제일지라도) 미래지향적이며 목표지향적이어야 하므로, 과거의 기준인 상식을 잣대로 삼는 것은 난센스가 될 수밖에 없다. "세상을 바꾼 그 어떤 아이디어라도 처음엔 모두 황당했다."라는 스티브 잡스의 말을 기억하자.

일단 멈춰서 뒤집어 생각해 보라

'말도 안 되는 소리', '상식의 틀을 벗어난 생각'은 그 자체로 가치가 있다. 왜냐하면 상식의 굴레 안에서는 좀처럼 발견하기 힘든 희귀성이 있기 때문이다. 그런 비정상적인 생각의 각도를 만들어 내기가 어디 쉬운가? 말도 안 되는 소리를 만나면 보석 광산을 발견했음을 직감해야 한다. 그리고 거기에 숨겨진 보석을 캐내기 위해서는 호기심과 질문이라는 연장이 필요하다.

그 황당하고 말이 안 되는 상상의 궤적을 좇아서 호기심과 질문으로 계속 파고들어 가다 보면 드디어 원석을 발견하게 된다. 원석은 재해석과 다른 각도로 절단함으로써 빛나는 보석이 된다. 그러므로 기획자는 발명가가 아니라 탐험가라야 한다. 무에서 유를 창조하는 것은 신에게 맡기고, 남들이 적당히 파먹고 버린 광산을 다시 뚫고 들어가는 탄광업자가 되어야 한다.

구글은 이상한 프로젝트들을 많이 시도한다. 그중에는 지구 지름의 약 3배인 36,000km 높이의 '궤도 엘리베이터'를 탄소 나노 튜브로 만들 계획도 있다. 인간의 노화를 막는 불로장생 프로젝트인 '칼리코 프로젝트'를 진행하기도 한다. 인간처럼 생각하는 생성형 인공지능은 이미 상당한 성과를 이루고 있다. 전 세계를 인터넷망으로 연결하는 풍선인 '룬Loon'을 만들고 있기도 하다. 구글 연구소에서는 크고 황당한 아이디어일수록 더 환영받는다. 황당하고 미친 것 같은 아이디어 중에도 잘 살펴보면 반짝이는 보석으로 다듬을 만한 것들이 얼마든지 있다고 그들은 생각한다.

『특이점이 온다』의 저자 레이 커즈와일이 2045년까지 일어날 일들을 예측했다. 그가 미래를 예측한 시점은 2005년이었다.

- 2010년대 초반에는 컴퓨터가 사물에 심어지고 무선통신을 이용하여 증강현실이 이루어진다.
- 2020년대 초반에는 가상현실이 대중화될 것이고 후반에는 가상현실로 재택 근무하는 시대가 온다.
- 나노 기술을 이용해 심장, 신장, 간 등 인체의 장기를 강화하거나 교체하게 될 것이고 유전자 조작으로 줄기세포를 만들어 인체 기관을 재생할 것이다.
- 2040년에는 나노 로봇을 이용해 뇌의 기능을 강화해 영화 〈매트릭스〉처럼 가상현실에 접속하여 자신의 감각으로 전송하게 되고 뇌의 정보를 컴퓨터로 업로드하게 된다.
- 인공지능은 인간보다 10억 배 똑똑해지고 인간은 두뇌를 다운로드받아 엄청난 지능체가 될 것이다.

이 예측을 발표할 당시에는 황당하게 들렸지만 증강현실과 가상현실은 현재 실제로 이루어져 조만간 놀라운 메타버스 세상이 펼쳐질 것이다. 이제는 그가 내놓은 예측을 '말도 안 되는 소리'라고 생각하는 사람은 드물어졌다. 앞으로 우리는 말도 안 되는 소리에 오히려 귀를 기울여야 하지 않을까.

'말도 안 되는 소리'를 '다른 생각'으로 관점을 바꿔 보자. 다른 생각은 기본적으로 참신한 느낌을 준다. 참신斬新하다는 것은 다른 곳에 있던 생각을 잘라와서 이종 교배를 한다는 의미다. 다른 생각은 태생적으로 변화를 품고 있고, 모든 변화는 그 자체로 새로움을 요구한다. 어떤 정보를 접하거나 대화 중에 당연하다거나 원래 그렇다거나 혹은 너무 뻔하거나 확실해서 다른 가능성이 없어 보일 때는 잠시 멈춰야 한다. 정말로 당연한지, 다른 가능성은 없는 건지 등 그 생각을 다른 각도에서 뒤집어 봐야 한다. 놀랍게도 그 이면에는 엄청난 보물상자가 숨어 있을 가능성이 크다. 당연함과 고정관념이 보였다 싶으면 일단 멈추는 습관! 그게 중요하다.

다르게 생각하기가 쉽지 않다면 반대로 생각하기를 해 보라. 그건 좀 더 쉽다. 고정관념에서 더 이상 앞으로 나아가지 못할 때 반대로 생각하기는 다른 가능성을 열어젖히는 힘이 있다. 다른 가능성이 열리면 그때부터 상상력이 발동되고 생각이 진전된다.

반대로 생각하기가 어렵다면 일단 의심 혹은 의문을 가져 보라. '정말 그럴까?'라는 생각은 새로운 상상력의 계기를 만들어 준다. 폭스바겐은 '클수록 좋은 차'라는 미국인들의 생각에 '정말 그럴까?'라는 의심을 그들의 마음속에 던졌다. "Think small." 이 짧은 메시지로 폭스바겐 비틀은 역사상 가장 위대한 명차의 반열에 당당히 이름을 올렸다.

바나나맛 우유는 왜 노란색일까? 우리가 먹는 바나나 속살은 하얀색인데 말이다. 그래서 가공유의 절대 지존에게 도전장을 내민 것이 매일유업의 '바나나는 원래 하얗다(색소 무첨가)'라는 제품이다.

이것은 기존의 바나나맛 우유들은 색소를 쓴 게 아니냐고 묻는 듯하다. 네이밍과 스펙 모두 도발적이고 발칙하다. 이 광고는 제품이 출시된 2007년에 대한민국 방송광고 페스티벌에서 작품상을 받았다. 그러나 상당히 선전했지만 아쉽게도 판을 뒤집는 데는 실패했다. 그럼에도 포기하지 않고 역전을 꿈꾸며 계속 도전 중이다.

생각을 바꾸면 해석 결과도 달라진다. 통찰력은 생각하는 능력이 아니라 생각의 각도를 바꾸는 능력이다. 생각의 각도가 다양할수록 통찰력의 다양성도 넓어진다. 생각의 각도가 고정될 때 가장 큰 문제는 다른 생각의 기회가 차단된다는 점이다. 다르게 생각하기란 기존의 것을 새로운 눈으로 재해석하여 다른 가능성을 발견하는 것이다. 전문가를 의심하는 것이나 당연함에 의문을 제기하는 것 모두 내 생각의 각도에 변화를 주기 위해서다.

다른 가능성을 얻을 수 있느냐, 없느냐는 결국 생각의 각도에 따라 결정된다. 사람들은 'A는 B다'라는 단순한 공식을 좋아하는데, 보는 각도에 따라 A는 C, D가 될 수도 있다.

아래 그림을 보자. 둘 다 컵을 그린 것이다.

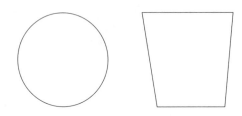

원에서 사다리꼴을 발견하기 위해서는 각도를 약간만 바꾸면 된다. 그런데 놀랍게도 사람들은 단 1도를 바꾸는 것조차 어려워한다. 모든 정보는 단면만 존재하지 않는다. 보는 방향에 따라 다양한 이면의 가능성을 가지고 있다. 우리는 그것을 '입체적으로 생각한다'라고 말한다. 입체적 사고란 정보를 보이는 그대로 받아들이지 않고, 생각의 각도에 따라 얼마든지 '다른 진실'이 있다는 가능성을 염두에 두는 것을 말한다.

다르게 생각하기는 하나의 정보가 독립적으로 완결되었다고 생각하지 않는다. 보이지 않는 또 다른 맥락과 연결 고리가 있는 퍼즐의 한 부분으로 생각하는 것이다. 기획의 본질은 다르게 생각하기다.

08

껍데기 모방이 아니라 원본에 플러스하기

애플의 성공 공식

르네상스 시대의 3대 천재라면 다 빈치, 미켈란젤로, 라파엘로를 들 수 있다. 다 빈치는 그야말로 천부적인 재능과 예술의 창조자라고 할 수 있고, 미켈란젤로는 불멸의 천재이자 예술정신의 화신이었으며, 라파엘로는 탁월한 재능을 가진 '모방형 화가'로 불린다.

그렇다면 이 세 사람 중에서 르네상스 시대를 대표하는 한 명을 꼽으라면 누구일까? 르네상스 미술을 완성했다는 평가를 받는 사람은 불멸의 대천재인 다 빈치와 미켈란젤로 두 사람의 장점을 모두 이어받은 라파엘로를 꼽는 데 이견은 없다. 그 이유는 무엇일까?

그 누구보다 라파엘로는 르네상스 시대의 의미에 가장 부합하는 인물이다. 르네상스Renaissance는 '재생', '문화의 부활'이라는 뜻이다. 르네상스 시기는 문학, 예술, 철학, 과학 등 사회 전반에 걸쳐 원본인 그리스 로마의 문화를 재해석하고 재탄생시켜 창조적 모방이 활발했던 시대였다. 라파엘로는 르네상스의 두 기둥인 다 빈치와 미켈란젤로의 예술적 장점을 이어받아 창조적으로 재해석, 재탄생시킨 인물이었다. 하지만 미켈란젤로는 자신의 예술을 복사기 수준으로 모방하는 라파엘로를 극도로 싫어했다. 그의 회고문에는 이렇게 적혀 있다.

> "라파엘로가 미술에서 이룬 모든 것은 바로 나한테서 얻은 것이다. 정말 괘씸하기 짝이 없다. 예술가라면 무릇 자신만의 세계를 구축해야 하는 것 아닌가? 라파엘로는 어릴 때부터 나와 다 빈치 작품 중에서 좋은 것들을 골라 베끼는 데만 혈안이 돼 있더니 이젠 그걸 조금씩 바꿔서 새로운 인물을 만들어 내고 있다. 이건 그냥 모방이자 습작 화가에 불과하다."

미켈란젤로는 라파엘로를 죽도록 증오하며 평생의 원수로 생각했다. 그런데 르네상스 시대는 그런 창조적 모방이 예술적으로 꽃을 피운 시대였다. 그런 의미에서 라파엘로를 르네상스 시대의 의미에 가장 부합하는 인물이라고 평가하는 것이다. 창의적 천재로 알려진 위대한 화가들은 거의 예외 없이 상당한 시간을 모사하는 데 할애했다. 라파엘로가 미켈란젤로를 모사했듯이 모네, 피카소, 고갱, 세잔 등은 모두 프랑스 화가 외젠 들라클루아의 작품을 모사했다. 이것이 바로 인간의 창조적 전진의 진짜 모습이다.

르네상스 문화의 원본이라고 하는 로마 제국은 어떤가? 알파벳은 그리스의 문자를 계승했고, 제국의 상징인 아치형 건축물은 인더스 문명에서 유래했으며, 로마 신화는 그리스 신들의 이름을 라틴어로 바꾸어 놓은 것이다. 이전의 여러 제국들의 다양한 문화와 제도들을 로마라는 하나의 우산 아래 융합시킨 것이다. 로마에서 모방은 공식적인 교육 교육 방법 중 하나였다.

신용카드의 선도자라고 하면 '다이너스 클럽'을 들지만, 승리자는 모방자인 비자와 마스터카드다. 이 시대 혁신의 상징인 실리콘밸리는 거대한 모방 클러스터라 할 수 있다. 실리콘밸리의 상징은 단연코 애플이다. 애플 창업자 스티브 잡스는 이렇게 말한다.

"제2의 혁명을 시작하려 노력하지 마라. 기존 기술들을 똑똑하게 재조합하는 데 창의성을 사용하라."

애플의 성공 공식은 알고 보면 매우 단순하다.

　　외부에서 얻은 기술 + 우아한 소프트웨어 + 멋진 디자인
　　= 다양한 기술의 오케스트라이자 완성자

일본의 연구기관들은 삼성전자에 대하여 이렇게 말한다.

　　"삼성전자의 전반적인 기술은 여전히 일본 기업들에 한참 뒤
　　떨어져 있는데도 어떻게 생산 제품들은 전반적으로 일본 기
　　업들에 비해서 훨씬 더 뛰어난지 모르겠다.
　　일본의 대표기업들이 삼성전자 한 회사를 이기지 못하는 것
　　이 매우 분하다."

이걸 모르기 때문에 일본 기업들이 몰락하고 있는 것이다.

　모든 새로운 아이디어는 기존에 있던 아이디어로부디 나온다. 노
방은 혁신과 대치되는 개념이 아니라 혁신을 뒷받침한다. 모방과
혁신은 흑백논리가 아닌 조화와 보완 관계를 통한 시너지 효과를
낼 수 있어야 한다. 모방은 생존과 발전에 혁신만큼이나 중요하며,
효과적으로 혁신을 실행하기 위한 필수 전략이다. 혁신이라는 것은

모방에 의해 만들어진다. 성공하려면 성공한 다른 사람들이 하는 방법을 정확히 이해하는 데서 출발해야 한다. 실패는 진정한 모방을 하지 않았기 때문이다.

모방과 독창성은 반대 개념이 아니다

좋아 보이는 수준은 모양만 그럴싸해도 되지만, 위대한 작품은 원본을 훔쳐와서 그 위에 플러스알파를 얹는다. 위대한 로마 문화는 그리스라는 원본 위에 로마의 재해석 문화를 더한 것이다.

혁신 전략의 최대 약점이 바로 모방의 최대 강점이다. 가장 훌륭한 기획이란 다른 곳의 노하우를 가져다 새로운 환경에 접목하는 것이다. 아인슈타인도 "창의성의 비밀은 그 원천을 숨기는 방법을 아는 데 있다."라고 하지 않았던가.

창의성은 언뜻 보기에 아무 연관 없는 것들을 연관 짓는 힘이다. 창조적 기획이란 서로 다른 것들을 연결하는 것이다. 원천이 다른 이질적 개념을 연결하는 최고봉은 은유적 사고, 즉 공감력이다.

은유는 'A=A!' 'A=a' 'A=A+' 이런 것으로 유사한 것을 연결하는 것이 아니다. 'A=B' 수준보다 더 먼 'A=F', 'A=Q', 'A=Z'라야 은유라고 말할 수 있다. 두 개의 개념이 멀수록 꼭 좋은 것은 아니지만 분명한 것은 완전히 이질적이어야 한다는 점이다.

은유는 유추를 통해 연결하되 원천을 감출 수 있다. '유추'란 닮지 않은 사물 사이의 '숨겨진 닮음'을 찾아내는 것이다. 숨겨진 닮음, 즉 유사성을 인식하는 능력이야말로 창조성의 탁월한 시금석이다. 창조성이란 유추를 통해 미지의 것들을 자유롭게 연결하는 능력이다. 유추는 우리 삶에서 상상력을 가장 크게 발휘하는 생각 도구다. 유추를 통해 원래 두 개였던 현상을 연결하고, 은유를 통해 그것들을 하나로 녹여 낸다. 이것이 인간의 창조 행위다.

유추할 수 없다면 은유가 없고, 은유가 없으면 새로운 세계를 창조할 수 없다. 우리는 어떤 사물이나 개념을 볼 때 'What is it?(그것은 무엇인가?)'가 아니라 'So what will it be?(그래서 그것은 무엇이 될까?)'에 집중해야 한다. 그래야 새로운 방식의 연결이 만들어진다.

> "독창성은 새로운 조합을 만드는 것이지 무에서 유를 만드는 것이 아니다."
> ─리처드 클레멘스 (경제학자)

아이디어의 세계에서는 독창성과 표절은 종이 한 장 차이다. 무엇인가를 창조하려면 기존의 것을 베껴야 한다. 표절자와 창의적인 천재의 행위는 동일하다. 복사와 모방은 창조의 원천이며, 무엇인가를 창조하려면 복사와 모방이 선행되어야 한다. 다만 아이디어의 원천을 들키지 않아야 창의성을 인정받을 수 있다. 창의성이란 독창성이 아니라 개선의 의미다. 로마 제국이 그러했던 것처럼.

중요한 것은 아이디어의 원천이 아니라 방법론이다. 기존에 성취한 그들이 어려운 상황을 뚫고 길을 만들어 나간 방법론이 있다면 나는 그것을 다른 방법을 통해 새로운 길을 찾는 것이다. 대가들의 방법을 탐색해 보고 그들과 다른 방법을 찾아라.

창의적인 차용은 합법적인 용익권을 행사하는 것이다. 모든 창의적인 분야는 차용을 통해 이루어졌다. 옛 아이디어를 찾아서 지지고 볶아라. 그래서 새로운 요리를 만들어 내라. 그것이 창의성이다.

모방은 독창성과 반대되는 개념이 아니다. 모방은 창의성을 발휘하지 못하고 길을 잃었을 때 새로운 길을 찾게 만드는 나침반 역할을 한다. 그러나 특정 제품을 그대로 복제하는 작업만으로는 창의성이 발휘되지 않는다. 진정한 마법이 일어나는 것은 단순 모방 그 이후다. 그렇기에 모방은 혁신 전략만큼이나 신중하고 적절하게 접근해야 한다. 모방보다 더 나은 성과를 거둘 수 있을 때에만 혁신을 택해야 한다.

단순 모방에 플러스알파를 얹는 방법은 무엇일까? 역시 최고의 방법, 아니 유일한 방법은 '질문'이다. 혁신은 단순 모방 뒤에 숨겨진 물음표를 발견하는 것이다. 창의성은 창조가 아니다. 단지 다른 관점으로 사물과 현상을 생각하는 것이다. 늘 보았던 것에서 다름을 발견할 수 있는 역량이다. 이것은 타고나는 것이 아니라 집중, 관찰, 생각으로 축적할 수 있는 후천적 역량이다.

질문은 사실 어렵지 않다. 편견 없는 어린아이의 호기심과 열린 마음으로 질문하면 된다. 복잡한 기획 프로세스나 디자인 씽킹Design Thinking 같은 것들보다 새로운 관점, 통찰, 호기심, 열정을 유지하는 것이 훨씬 중요하며 어렵다. '순수한 궁금증', '엉뚱한 호기심'이 문제의 본질에 다가가는 데 더 도움이 된다.

본질을 찾기 위해서는 "왜 그럴까?"라며 의문을 가지고, 기존의 고정관념이나 상식의 틀을 깨기 위해서는 "꼭 그래야만 할까?"라고 질문하라. 당연한 것에 대해서 발칙한 궁금증과 호기심에 집착하는 것은 결코 쉬운 일은 아니다. 그러나 누군가가 정해 놓은 '법칙'이나 '정의'에 대해 반기를 들 수 있는 용기가 있어야 한다.

한때 GE의 연구원으로 명성을 떨쳤던 찰스 슈타인메츠가 한 말을 마음속에 새기자.

"질문을 멈추는 순간 당신은 바보가 된다."

새로운 발견 →	왜 그럴까? (본질 탐색)	← 새로운 정의
← 새로운 방법	왜 그렇게 해야 할까? (창의적 솔루션)	새로운 관점 →

09

제3의 길,
창조적 역설계

플러스알파를 더해 가치를 높인다

역설계Reverse Engineering란 새로운 창의성과 독창성을 목적으로 이미 검증된 기존의 제품, 전략, 서비스 등의 핵심을 분석하여 새로운 가치를 만드는 것이다. 이미 실전에 쓰이며 검증된 것을 토대로 개발하기 때문에 무에서부터 시삭하는 것과는 비교도 할 수 없을 정도로 나은 방식이다.

아무런 기반 없이 처음부터 만들기 시작하면 기술 혹은 노하우를 배우고 자체 개발하는 데 막대한 비용과 시간이 든다. 하지만 이미 검증된 것을 복제할 경우 그 비용과 시간이 대폭 단축된다는 장점이 크다. 역설계 과정에서 중요한 것은 분석 대상의 속성을 정확히 파악하는 것이다.

"좋은 예술가는 따라 하지만, 위대한 예술가는 훔친다."라는 피카소 말은 역설계의 본질을 정확히 표현하고 있다. 겉모양만 비슷하게 흉내 내는 것은 단순 모방이며 아무런 가치가 없다. 그러나 내면의 본질적인 속성을 가져와 그 위에 플러스알파를 더함으로써 가치를 더 높이는 것, 이것이 바로 역실계의 목적이자 본질적 의미다.

라파엘로가 르네상스를 대표하는 인물이라고 평가를 받는 이유는 르네상스 시대는 역설계를 통해 기존의 그리스 로마 문화를 업그레이드했던 시기이며, 라파엘로가 바로 역설계의 대가였기 때문이다.

이 시기의 예술가들은 자신이 모방하는 작가의 작업 방식의 암호를 찾아냈고, 그것을 분석해 자기만의 독창적인 작품을 만들어냈다. 보이는 것에서 더 깊이 파고 들어가 숨겨진 또 다른 것을 찾아내는 것이 르네상스 시대였다.

역설계는 창조적 모방의 또 다른 표현이며, 역사의 모든 발전은 이러한 역설계를 통해 이루어졌다. 기획이란 무엇인가? 기존의 전략들을 가져와 나만의 새로운 컨셉을 입히는 것이다. 역설계 전략

없이 차별화된 기획을 '창조'하는 것은 불가능하다.

그렇다면 역설계는 어떤 과정을 통해 만들어지는 것일까? 창조적 역설계 기획은 3단계로 진행된다.

창조적 역설계 기획 3단계

1단계. 목표 정의하기

창의적 아이디어를 위해서는 먼저 어떤 '문제'가 존재해야 한다. 그래서 가장 먼저 해야 할 일은 해결하려는 문제가 무엇인지 정확하게 정의하는 것이다. 해결해야 할 문제는 창의적인 아이디어의 원천이다. 문제를 어떻게 정의하느냐에 따라 그 문제를 해결하는 방법이 달라진다. 창의적인 기획자는 해법보다 문제를 발견하는 사

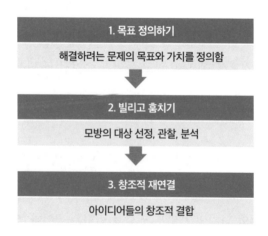

람이어야 한다. 우선 해야 할 일은 주어진 문제가 어떤 가치가 있는지 정의하는 것이다. 이는 'what'과 'why'를 동시에 물어서 해결할 수 있다.

"이 프로젝트의 목적/목표는 무엇인가?"
"이 프로젝트를 통해 얻을 것으로 기대되는 가치는 무엇인가?"
"이 프로젝트는 어떤 문제를 해결하려는 것인가?"

문제의 근본 원인을 알지 못하면 어떤 문제도 해결할 수 없다. 문제를 해결하는 간단한 도구는 what과 why를 함께 사용하는 것이다. what은 문제의 틀과 주어진 상황을 전체적이고 명료하게 정의한다. why는 겉으로 드러난 문제뿐만 아니라 내면의 근본 문제를 찾아내는 질문이다. 'why 없는 what'은 문제를 피상적으로 파악하여 본질을 알 수 없으며, 'what 없는 why'는 지엽적이고 미시적인 부분에 집착하게 만들 수 있다.

what과 why는 주어진 문제의 본질을 정의하고 그 안에 숨어 있는 해법을 드러나게 한다. 그래서 문제를 정의한 순간 그 문제를 해결하는 방향도 결정된다.

프로젝트의 목표와 해야만 하는 이유가 명확해졌다면 지금부터 해야 할 일은 목표를 성취하기 위한 길을 자세히 보여 주는 창조적 모방 로드맵를 설계하는 일이다.

- What: 무엇을 모방할 것인가?
- Where: 어디서 아이디어를 가져올 것인가?
- Who: 누구를 모방할 것인가?
- How: 어떻게 모방할 것인가?

첫째, 나의 프로젝트 중에서 외부의 아이디어가 필요한 부분을 선택해야 한다.

둘째, 누구를, 어떻게, 무엇을 모방할 것인지 결정한다.

모든 성공한 기업들은 진지한 모방 전략을 가지고 있다. 그들은 이런 모방 전략에 자사의 사활을 건다. 호텔은 항공사의 마일리지 프로그램을, 은행은 제조업 분야의 플랫폼 표준화를 모방했다. 애플, 월마트, P&G, 자라, 펩시, 마이크로소프트, 삼성전자 등 세계적인 초일류 기업들도 처음에는 모방하다가 나중에 혁신적인 것을 보여 주었다. 실패자들은 모델의 성공 비밀이 담겨 있는 블랙박스를 풀고 해독하지 못해 낙오된 것이다. 성공하고 싶다면 성공한 사람들이 하는 일을 정확히 이해하는 데서 시작해야 한다. 혁신과 모방을 함께 묶을 수 있는 능력에 따라 경쟁우위가 결정된다.

2단계. 빌리고 훔치기

참신하고 놀라운 아이디어는 의외로 대부분 기존의 것에서 나온다. 그러므로 다른 생각을 빌리고 훔치는 과정의 두 번째 단계는 '탐색'이다. 창의적인 생각은 다른 관점에서 문제의 본질에 접근하는 것이다. 여기서 또 하나 힌트를 주자면 대부분 창의적 해법은 다른 분야의 비슷한 상황이나 문제에서 찾을 수 있다는 것이다.

문제의 핵심을 정의하고 비슷한 문제를 안고 있는 다른 영역에서 아이디어를 찾아라. 많은 사람이 이미 나와 비슷한 문제를 안고 있었음을 알 수 있을 것이다. 그들이 비슷한 문제를 어떻게 해결했는지 자세히 살펴봐야 한다. 이렇게 찾아낸 아이디어들은 내가 찾고자 하는 해결책의 기초 재료가 된다.

다만 한 사람에게서 특정한 요소를 가져오면 표절이 된다. 많은 곳에서 아이디어를 가져와 뒤섞는 것, 그것은 재창조 행위다. 라파엘로는 미켈란젤로 한 사람만 모방한 것이 아니라 당대와 이전의 많은 사람들의 장점을 모아서 녹여 냈다. 미켈란젤로조차 다 빈치에게서 영감을 가져왔고, 헤밍웨이는 '누구를 위해 종은 울리나'라는 소설 제목을 영국의 시인 존 던의 시에서 가져왔다. 아이작 뉴턴도 데카르트 같은 다른 수학자들에게서 미적분 아이디어를 가져왔다. 다른 수학자가 표절 의혹을 제기하자 그는 "나는 거인의 어깨 위에 올라섰을 뿐이다."라고 스스로를 변호했다.

> "나는 언제나 모든 원천에서 온갖 아이디어를 빨아들인다. 그리고 보통 마지막 사람이 떠나고 난 그 자리에서 그 일을 시작한다."
>
> -토머스 에디슨

"해적이 될 수 있는데 굳이 해군에 입대할 이유가 뭐 있어?"

애플의 회의실 벽에는 해적 깃발이 버젓이 걸려 있다. 애플은 뻔뻔한 것인가? 창의적 발상은 다른 발상들에서 비롯된다는 사실을 받아들인 것이다. 구체적인 의도와 계획을 가지고 여기저기에서 남의 아이디어들을 가져와라. 그리고 과거와는 다른 방식으로 재결합하고 재창조하라.

그렇다면 어디서, 무엇을, 누구의 아이디어를 가져와야 할까? 가져와야 할 곳은 두 곳이다. 첫째는 '나와 반대편'에서, 둘째는 '먼 곳'에서 가져온다.

다른 곳에서 생각의 원천을 가져올 때 해야 할 첫 번째 원칙은 '반대편'으로 가는 것이다. 인기가 있는 아이디어의 반대편, 즉 아무도 관심을 갖지 않는 곳으로 가서 재료들을 모아라. 반대편을 선택하는 것은 누가 봐도 참신하게 느껴질 수밖에 없다. 아무도 관심을 갖지 않기에 누군가와 경쟁할 필요 없이 나홀로 보물을 캐는 것이다. 같은 방향의 경쟁자를 베끼는 것은 막강한 힘을 가진 상대방을 재패해야 하기 때문에 어렵다. 하지만 반대 방향은 아무도 태클을 걸지 않기 때문에 성공할 가능성이 높다.

두 번째 방법은 먼 곳에서 가져오는 것이다. 경쟁자에게서 아이디어를 빌리면 모방 혹은 표절 행위가 된다. 하지만 자기 분야가 아닌 곳에서 아이디어를 빌리면 독특하고 창의적인 행위가 된다. 자신이 서 있는 원래 영역에서 모험적으로 더 멀리 나아갈수록 그 아이디어는 더욱더 창의적으로 보인다. 그래서 창의적인 생각을 하는 사람은 해결책을 탐색하기 위해 가까운 곳은 말할 것도 없고 최대한 먼 곳, 완전히 이질적인 곳까지 찾아 나선다.

어떤 아이디어가 자신과 동종의 영역에서 빌린 재료들로만 구성되어 있다면, 그 아이디어가 아무리 성공적인 해결책이라 해도 그는 도둑으로 인식되고 표절이라는 낙인이 찍힌다. 결론적으로, 가까운 곳에서 가져오면 '비열한 도둑'이 되는 것이고, 멀거나 다른 곳에서 가져오면 '혁신적인 재창조'가 되는 것이다.

3단계. 창조적 재연결

다른 사람에게서 빌린 아이디어들을 연결하고 결합하라. 창의성의 본질은, 아이디어의 원천보다는 서로 다른 것들을 어떻게 재결합하느냐가 핵심이다. 뛰어난 성과는 기존의 여러 요인이 재결합된 결과물이다.

독창성과 표절은 종이 한 장 차이다. 이것을 판단하는 두 개의 기준이 있다.

첫째, 아이디어를 어디에서 빌려왔는가?

동종인가? 이종인가? 혹은 가까운 곳인가? 민 곳인가?

둘째, 가져온 아이디어들을 어떻게 재결합했는가?

원래 모양 그대로인가? 아니면 새로운 방식의 재결합인가?

두 기준의 공통 분모는 아이디어의 원천을 감추는 능력이다. 감추지 못하면 참신하지 못한 것이다.

우선은 베껴야 한다. 겉만 베끼지 말고 본질을 캐내야 한다. 그 다음이 창조다. 아이디어를 빌린다는 것은 다른 종류의 나무에 접 붙인다는 뜻이다. 이종 결합이며 융합이며 통섭이다.

거듭 말하지만, 창의력이란 문제를 새롭게 정의하고 그 정의를 바탕으로 이종 결합할 아이디어를 찾아내는 능력이다. 이종 결합이 바로 새롭고 독창적인 아이디어의 핵심이다.

'인仁'이라는 글자는 사람 인人 변에 두 이二가 붙어 있는 글자다.

사람이 둘 이상 함께 모여 있는 모습을 의미한다.

인仁이라는 것은 '어질다'라는 의미 외에도 과실의 씨앗을 의미하기도 한다. 예를 들어 행인杏仁은 살구 씨앗, 도인桃仁은 복숭아 씨앗, 산조인酸棗仁은 멧대추 씨앗을 말한다.

그런데 왜 씨앗을 인仁이라고 할까?

하나의 씨앗이 있다. 이 씨앗이 그냥 그릇에 담겨 있다면 싹도 틔우지 못하고 그냥 씨앗으로만 존재한다. 씨앗이 흙 속에서 뭔가와 교감이 되었을 때 싹이 나고 열매를 맺을 수 있다.

즉, 인仁의 "어질다"는 것은 상호 교감을 통해 새로운 가치, 새로운 열매를 만들어 내는 것이다.

인간은 난자와 정자가 '결합'해 새로운 생명체를 만들어낸다.

기존의 두 유기체가 하나로 결합해서 새로운 유기체를 만들어내는 것, 이것이 생명체에 대한 정의다. 아이디어들이 서로가 서로를 낳는다.

어떤 탁월한 발상이든 결국은 다른 누군가의 것을 빌린 것이다. 그것을 '착상着想'이라고 말한다.

착상이란 어떤 일이나 창작의 실마리가 되는 생각이나 구상을 잡는 것이다. 즉, 기존의 아이디어들을 결합해 새로운 아이디어 구조를 만들어내는 생각의 결합 행위가 착상이다. 간단히 말해 '구조'란 두 개 이상의 '요소들'을 연결할 때 생기는 어떤 형식이다. 건물도 모래, 시멘트, 철근, 유리, 나무 등이 결합한 하나의 구조물이다. 그러나 모든 건축물은 전혀 다르게 보이고, 이들을 세운 목적도 다르다. 구조물의 차이는 구성 요소에 있는 게 아니라, 구성 요소의 연결 및 결합 방식에 있다.

아이디어들을 올바르게 결합하기 위해서는 여기저기서 가져온 아이디어를 분석해야 한다. 다양한 아이디어 가운데 유망한 것을 찾아내고 선별할 수 있는 안목이 필요하다. 이것은 세심한 관찰만으로 이루어지지는 않는다. 제대로 모방하기 위해서는 해당 아이디어의 원천 창작자의 생각을 깊이 더듬어 봐야 한다.

"그는 왜 이런 시스템 / 구조 / 결론 / 해법을 선택했을까?"

원천 창작자가 결정을 내리기까지의 과정에 대한 사고 과정을 이해하지 못하면 그의 아이디어를 가져오는 것은 그저 껍데기만 흉내 내는 꼴이 된다. 아이디어들의 재결합은 기존의 공식이나 룰을 흉내 내거나 모방하는 차원을 넘어 완전히 새로운 접근법으로 방식, 구조, 순서, 모양, 개념 등을 다르게 만들어 내는 것이다.

창조적 결합은 창의성의 본질이다. 다른 방식의 결합이 없으면 창의성도 없다. 혁신의 본질은 창의성이고, 창의성은 기존의 것들을 결합해 새로운 것을 만들어 내는 것이다. 아이디어를 발전적으로 이끌며, 자신이 가져온 것들을 새로운 창조물 속에 깊이 묻어 버리는 궁극적인 힘은 '창조적 결합' 행위에서 만들어진다. 스티브 잡스의 말처럼 창의성은 연결하는 능력이다.

누군가가 새로운 컴퓨터 OS를 만들면 마이크로소프트를 이길 수 있을까?

누군가가 새로운 검색엔진을 만들면 구글을 이길 수 있을까?

누군가가 새로운 소셜 네트워크를 만들면 페이스북을 이길 수 있을까?

아마도 실패할 가능성이 거의 100%에 가까울 것이다. 왜 그런가?

  남의 성공 공식을 그대로 모방하는 것은 결국 실패할 수밖에 없다. 나만의 차별화가 없으면 절대로 성공할 수 없다. 또한 조금 더 좋아서는 승리자가 될 수 없다. 창조적 역설계는 기존의 아이디어들을 새롭게 재결합하는 것만으로 끝나는 것이 아니다.

  이젠 진정한 자기만의 차별화된 가치를 인정받기 위한 중요한 과정이 남았다. 주어진 문제의 본질을 정의하고 다른 곳에서 아이디어들의 재결합을 통해 해법을 찾았던 이전 과정은, 라파엘로가 여러 예술가들의 장점을 모아 자기 예술의 방향성을 잡은 것과 같다. 만약 거기에서 멈췄더라면 라파엘로는 위대한 예술가로서 르네상스 시대 상징적 인물로 평가받을 수 없었을 것이다. 거기서 딱 한 걸음이 더 필요하다. 모방을 뛰어넘어 독창적인 자기만의 예술 세계를 구현해야 하는 것이다. 그 단계까지 가야 비로소 위대함을 인정받을 수 있다.

  다른 색깔을 입히는 것은 뭔가를 새롭게 만드는 것이 아니다. 기능을 더 좋게 하거나 성능을 더 높이는 것도 아니다. 다른 색깔은 말 그대로 뭔가 새로움을 더하는 것이다.

  그런데 사람들은 완전히 '낯선 새로움'은 받아들이지 않는다. 기존의 익숙한 것을 살짝 비트는 수준의 새로움이다. '익숙한 새로움' 이 성공의 진짜 공식이다. 딱 하나만 다르면 된다. 그렇다. 딱 한 가지에 초점을 맞춰야 한다. 사람들이 납득할 만한 한 가지만 다르면 그걸로 충분하다. 둘, 셋이 아니라 하나다. 그 하나는 경쟁자의 속성을 베껴서는 안 된다. 경쟁자가 가지고 있지 않은 다른 속성이어야 한다. 경쟁자와 '정반대'의 속성이 필요하다. 다시 강조한다. 핵심 단어는 '정반대'다.

만약 당신이 서점을 창업한다면 대형서점들과 경쟁에서 어떻게 해야 생존할 수 있을까? 더 많은 책? 더 멋진 인테리어? 더 저렴한 가격? 모두 불가능하고 무조건 실패한다. 그런데 일본의 도쿄에 매주 딱 한 권의 책만을 파는 '모리오카'라는 서점이 있다. 이곳에서는 단 한 권의 책만 일주일간 전시하듯 내놓는다. 그리고 그 한 권의 책만 주목받을 수 있도록 한다. 매주 선정되는 한 권의 책과 연관된 프로모션을 통해 주목을 끄는 것, 그것이 이 서점이 고객들에게 제안하는 '정반대'의 속성이다.

만약 '최초'가 아니라면 그 속성을 쪼개고 쪼개서 세분화된 새로운 속성을 찾아내야 한다. 예를 들어, 고급 외식업 시장에서 1등은 어렵지만, '20~30대를 위한 퓨전식당'이라는 세분화된 속성이라면 훨씬 설득 가능한 제안이 될 수 있다. 다만 그 속성은 소비자 혹은 상대방이 납득할 만한 속성이어야 한다. 그것이 '익숙한 새로움'이다.

차별화된 다른 색깔로 느껴지게 하려면 내가 제안하는 것이 매우 단순해야 한다. 핵심은 단순함이다. 단순해야 쉽게 이해되고 쉽게 받아들여진다. 차별화는 오직 한 단어로 표현할 수 있어야 하고, 단순함에 초점을 맞춰 밀고 나가야 한다.

크게 성공한 아이디어들은 모두 '하나의 단어'를 소비자나 상대방에게 정확하게 전달했다. 예컨대, BMW는 '주행', 볼보는 '안전', 벤츠는 '품위', 페라리는 '속력' 등과 같이 단 한 단어로 기억되는 속성으로 성공한 것이다. 아이디어의 결합을 통해 더 좋고 더 멋진 것을 만들었다 해도 다른 색깔 입히기, 즉 차별화된 속성을 찾지 못하면 결국은 실패하게 된다.

3장

거절할 수 없는
기획의 비밀

THE
PLAN
NING

창조적 기획은 '미래에서 현재로'의 관점으로
먼저 미래를 상상하고
그 지점에서 현재 방향으로 역전개하는 그림을 그리는 것이다.

가설을 설정하고, 창조성을 자극하여
새로운 관점과 아이디어를 끄집어 내라.
현재의 추세들을 미래로 가져가 미래의 상태를 추정하고
역으로 시나리오를 설계한다.

"이로 인해 상황이 어떻게 변할까?"

"이것은 무슨 조짐일까?"

"…라면 어떻게 될까?"

기존의 사고로는 새로운 문제를 풀기 어렵다.
보다 높은 차원, 관행의 밖에서 안으로 바라보라.
기존의 패턴을 근본적으로 변화시켜라.

목표가 있는가?

행동 방안이 있는가?

목표와 행동 방안을 연결하는 논리에 설득력이 있는가?

4초 안에 마음을 사로잡는
기획의 절대 원칙

단순하게 더 단순하게!

모든 것은 가능한 한 단순해야 한다. 단순함은 순진함이나 평이함이 아니다. 궁극의 정교함이다. 복잡함보다 더 어려운 것이 단순함이다. 전략의 본질은 무엇을 하지 않을지를 선택하는 것이다. 명료한 통찰력을 통해 문제를 단순화하는 간단한 전략이 성공한다. 단순한 것이 위대한 것이다. 단순함은 복잡함보다 힘이 세다. 복잡한 제안과 아이디어는 헛똑똑이들의 전유물이다. 단순함에 도달하려면 선택 대안들을 좁히고 외길을 타야 한다. 진짜 본질은 단순하다.

'단순화'란 불필요한 것을 제거해 꼭 필요한 것만 남기는 능력이다. 문제가 아무리 복잡하더라도 단순한 해결책은 늘 있게 마련이다. 기획자는 '생각—언어—실행'을 단순화해야 한다.

① 단순하게 생각하기

기획의 가치, 그것은 곧 차별화다. 인간의 마음은 복잡한 것을 싫어하기 때문에 무조건 생각을 단순화해야 한다. 차별화하지 않는다면 몸값을 낮추는 수밖에 없다. 기획이란 단순한 아이디어를 전략으로 바꾸는 과정이다. 명료한 통찰력을 통해 단순화된 전략이 성공할 가능성이 높다.

간단한 것을 복잡하게 만드는 일은 누구나 할 수 있다. 그러나 복잡한 것을 단순하게 만드는 일에는 창의력이 필요하다. 일단, 확인되지 않은 이론과 가정은 피한다. 생각만 복잡해질 뿐이다. 생각을 단순화하려면 다른 생각을 빌려와라.

문제를 해결하는 가장 단순한 방법은 기존의 아이디어를 빌리는 것이다. 정돈되지 않은 내 생각보다 빌려온 생각이 더 새롭다. 모방이 창조보다 더 쉽고 실질적이다.

다른 사람들이 성공적으로 사용한 새롭고 재미있는 아이디어들을 활용하는 것을 습관화하라. 신제품을 만드는 가장 단순한 방법은 기존의 아이디어를 가져다 변형하는 것이다. 정보를 수집하고 활용하는 것 자체가 기존의 아이디어를 빌리는 행위다. 외부의 아이디어를 활용하는 방법은 매우 다양하다.

- 대용하기: 내 생각을 버리고 가져온 다른 아이디어를 쓴다.
- 혼합하기: 수집한 여러 정보 중에서 쓸 만한 것들을 추려서 섞는다.
- 변형하기: 외부의 정보나 아이디어를 내 목적에 맞게 변화를 준다.
- 확대하거나 축소하기: 가져온 아이디어를 확장 혹은 축소한다.
- 제거하기: 불필요한 것들은 모두 제거하고 필요한 것만 활용한다.
- 전환 또는 재배치하기: 순서, 모양, 구조 등을 바꾼다.

"내가 말하는 것은 내 것이 아니다. 그것들은 소크라테스와 체이스필드에게 빌렸다. 예수로부터 훔치기도 했다. 그리고 그것들을 책 속에 넣었다. 당신은 누구의 것을 이용할 것인가?"
– 데일 카네기

② 단순한 언어

기획서를 읽는 사람은 한 페이지에 단 4초만 투자한다. 좀 길게 지켜봐야 8초다. 조금의 지루함도 참지 못한다. 세 마디 이상 넘어가면 기억하지 못한다. 그래서 메시지를 전달하는 방법은 딱 하나, 바로 정곡을 찔러야 한다. 전쟁터 같은 비즈니스에서는 뇌리에 송곳 같은 한마디를 꽂아야 하고, 이 과정은 단 4초 만에 일어난다. 핵심을 빠르게 전달해 원하는 반응을 얻어내는 짧지만 강력한 한마디 기술이 결국은 비즈니스의 성패를 좌우한다.

> 진실된 언어는 단순하다.
> The language of truth is simple.

딱 한마디! 한마디는 스위치다. 스위치처럼 딸깍 한 번에 사람과 돈을 끌어당긴다. 딱 한마디로 의도한 대로 상대를 움직여 원하는 반응을 끌어내고 고객을 사로잡아야 한다. 한마디는 마중물이다. 마중물이 달디단 지하수를 끌어 올리듯 나의 제품, 서비스, 아이디어로 고객을 불러들인다. 한마디는 마스터키다. 단 한마디로 마음의 문을 열 수 있다면 그 어떤 문도 열 수 있다.

원칙은 분명하다. 내용은 이해하기 쉽게, 문장은 간결하게, 표현은 똑 떨어지게! 이걸 다 묶어서 한마디로 말하면 '단순하게'다.

- 핵심 내용을 가장 먼저 쓰기

- 고객의 언어로 말하기

- 한 문장에 하나의 메시지 담기

- 군더더기 없애기

- 메시지에서 벗어난 곁가지 가차 없이 쳐내기

- 중언부언은 단호하게 빼고, 핵심을 흐리는 어정쩡한 표현도 삭제하기

- 긴 설명은 짧은 한마디로 요약하기

- 복잡하고 어려운 단어보다는 단순하고 쉬운 단어 선택하기

- 가급적 형용사, 부사를 생략하고 동사를 활용하기

- 고급진 은유법 사용하기

"완벽은 덧붙일 것이 없을 때가 아니라 뺄 것이 없을 때 성취
된다."

– 생텍쥐페리

③ 단순한 실행

기획은 하나의 질문에 대한 답을 찾는 것이다. 그러므로 기획의
대원칙은 '선택과 집중'을 빼놓고 이야기할 수 없다. 선택과 집중
이란 하고자 하는 모든 것을 다 할 수 없다는 사실을 인정하는 것이
다. 어떠한 정보의 원천이 가장 핵심인지를 결정하는 것이다. 중요

한 것들을 선별해 내고 불필요한 정보를 제거하는 것이다.

기획은 승산이 있는 경주마를 찾아내는 작업이다. 승산 있는 경주마를 찾아 더 나은 나만의 색깔을 입히는 것이 최상의 방책이다. 어떤 경주마를 탈 것인가? 시장을 바라보는 차별화된 선택과 안목, 시장이 원하는 전략과 아이디어는 승산이 매우 높다. 가장 승산이 높은 말은 '제3자'이다. 외부에서 가져온 아이디어를 최대한 활용하는 것이다. 성공은 자신의 내부가 아니라 외부에서 찾아야 한다.

이와 같이 '생각—언어—실행'을 단순화하는 것은 그것 자체가 강력한 전략이며 차별화다. 인간의 마음은 복잡한 것을 싫어하기 때문에 전략은 최대한 단순해야 한다. '나의 강점을 어떻게 발휘할 것인가?'는 '무엇이 나를 차별화하는가'의 다른 표현이다. 단순화 과정을 통해 걸러진 아이디어가 차별화 전략으로 힘을 얻기 위해서는 2가지가 필요하다.

• 기획의 모든 면에 적용되어야 한다.
• 다른 사람들의 마음속에서 새롭다고 인식되어야 한다.

차별화된 아이디어를 완성하기 위해서는 실행 전략이 반드시 필요하다. 아이디어가 못이라면 전략은 망치에 해당한다. 실행되지 못하는 아이디어는 차별화가 아니다. 가장 단순한 아이디어가 가장 강력한 실행력을 갖는다.

"예술은 불필요한 것을 제거하는 작업이다."
– 피카소

구조가 먼저,
논리는 나중

설득의 기본 구조, 1+3원칙

기획의 반석이자 버팀목은 바로 구조다. 구조는 논리보다 우선한다. 기획은 구체적인 상대방이 있다. 의사결정권자, 제안의 상대방, 시장, 고객 등이다. 그러므로 기획은 특정한 목적을 가진 커뮤니케이션을 위한 것이다. 그런데 잘못 만들어진 기획서는 상대방과의 커뮤니케이션 오류 때문에 설득에 실패하고 최종적으로 목적을 달성하지 못한다. 그 이유는 무엇일까?

첫째, 구조가 잘못 설계되었기 때문이다.

둘째, 상대방의 마음이 아니라 내 생각을 기준으로 논리를 만들기 때문이다.

설득의 가장 기본적인 구조인 1+3원칙을 살펴보자.

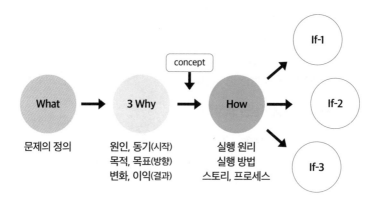

- **What**: 문제를 정의한다.

"제가 말씀드리고 싶은 것은…"이 아니라 "지금 당신(귀사)에게 제시할 과제와 해법은…"이라고 시작해야 한다.

- **3 Why**: '시작의 이유 + 나아갈 방향 + 얻고자 하는 결과'를 동시에 점검한다.

- 원인, 동기: 이 프로젝트를 하는 이유가 무엇인가?

- 목적, 목표: 이 프로젝트의 목적과 목표는 무엇인가?

- 변화, 이익: 이 프로젝트를 통해 얻을 수 있는 변화나 이익은 무엇인가?

- **How(본론)**: 원리, 실행 방법, 과정, 스토리, 프로세스를 구상한다.
- **If**: 생각의 확장, 또 다른 의문, 목표 너머의 또 다른 생각

문제의 핵심(What)을 정의한 다음, Why로 다음과 같은 3개의 기둥을 만든다. 그래서 '1+3원칙'이다.

- 주제에 대한 질문들을 생각한다.
- 주제에 대한 답변들을 결정한다.
- 가장 타당한 메시지를 선택한다.

1+3원칙은 다음과 같이 다양한 응용이 가능하다.

- 선 결과(1) + 후 근거, 원인(3)
- 선 의사결정(1) + 후 필요 행동(3)
- 하나의 핵심 + 나머지 전체를 3개로 그루핑

1+3원칙은 가장 균형 잡힌 삼각뿔 구조를 만드는 것이다. 왜 1+3의 구조가 가장 설득력 있는 구조일까? 일단, 우리 두뇌가 정보를 처리하는 메커니즘을 이해해야 한다. 두뇌는 구조화되지 않은 생각이나 말은 제대로 이해하거나 저장하지 못한다. 두뇌가 정보를

이해하는 방법은 다음과 같다.

- 중요한 것 먼저

- 대주제 먼저

- 핵심 우선

- 그룹, 묶음 방식 선호

- 패턴 선호

- 내가 좋아하는 것 우선

- 큰 틀이나 핵심 우선, 위에서 아래로 배열(Top Down)

그리고 '3'은 두뇌가 가장 안정적으로 구조화시킬 수 있는 마법의 숫자다. 예컨대 아래의 도시들을 여행한다고 하자.

런던, 상하이, 뉴욕, 암스테르담, 도쿄, 벤쿠버, 시애틀, 베니스, 취리히, 파리, LA, 서울

이 상태는 뒤섞여 있어서 우리 두뇌는 순서를 정하거나 도시 이름을 기억하기도 버겁다. 그러나 도시들을 3개의 그룹으로 묶으면 훨씬 수월해진다.

유럽: 런던, 암스테르담, 베니스, 취리히, 파리

북미: 뉴욕, 벤쿠버, 시애틀, LA

아시아: 상하이, 도쿄, 서울

이처럼 우리 두뇌가 가장 좋아하는 구조가 '1+3'의 형식이다. 항상 하나의 핵심을 향해 모아지는 3개의 기둥 구조를 설계할 수 있도록 습관화한다. 이 구조는 설사 내용이 부실한 경우에도 강력한 설득력을 발휘한다. 언제나 '선 구조—후 논리'라는 사실을 잊지 말아야 한다.

다음의 스티브 잡스가 스탠퍼드 대학에서 졸업식 연설을 한 내용을 분석해 보자. 이 연설은 스티브 잡스가 남긴 최고의 연설로, '1+3원칙'을 잘 보여 준다. '1+3' 구조에 감동적인 메시지와 강력한 설득력을 담고 있다. 전문을 요약하면 아래와 같은 메시지다.

스티브 잡스의 미국 스탠퍼드 대학 졸업식 연설(2005. 6. 12.)

(핵심 메시지)

"여러분이 사랑하는 것을 찾아야 합니다."

You've got to find what you love.

(3개의 기둥)

첫 번째는 점^點을 잇는 이야기입니다.

두 번째는 사랑과 좌절에 대한 것입니다.

세 번째는 죽음에 관한 것입니다.

(마무리)

"끝까지 갈망하고 우직하게 전진하세요."

Stay Hungry, Stay Foolish.

마음을 움직이는 논리 법칙 2가지

논리 구조는 간결할수록 더 강력하다. 무엇을 위한 논리인지를 먼저 생각해야 한다. 당연히 나의 기대대로 상대방을 움직이게 하기 위함이다. 내가 가진 많은 정보와 분석 결과를 모두 담아서 장황한 논리 트리를 만드는 것은 목적과는 아무 상관이 없다.

최대한 간결하게 정리된 논리 구성이 이해하기 쉽고 설득하는 데 유리하다. 결론에 대한 근거나 방법, 그리고 그것들의 하위 요소들은 최대한 핵심 위주로 압축하거나 가지치기를 해서 3~4개 이상 넘지 않도록 하는 것이 좋다.

중요한 것은 나의 말이 상대방의 머릿속에 어떤 생각을 그려 내느냐다. 기획에서 논리의 목적은 상대방의 생각 속에 내가 의도하는 메시지를 정확하게 그려 넣기 위함이다. 논리를 만들기 전에 일단 단순화 작업을 해야 한다.

- 중요도에 따라 선택할 것과 버릴 것을 결정하라.
- 종류별, 특징별로 구분하고 그루핑하라.
- 우선순서를 정하라.

1. 연역적 논리

탐정이 사건에 대해 추리를 이어 가듯 머릿속으로 뭔가를 생각할 때 사용되는 논리 전개 방법이다. 앞의 포인트를 이어서 연결해 가므로 각 포인트는 서로 연관성을 가진 명제로 이어진다. '그러므로'라는 말로 시작되는 최종 결론은 앞의 포인트들이 모두 반영되어야 한다.

(대전제) 경영 상황이 점점 나빠지고 있다.

(사실/판단) 현재의 전략으로는 경영 상황을 적절하게 개선할 수 없다. 새로운 전략으로 대응하지 않으면 안 된다.

(결론) 그러므로 경영을 개선할 수 있는 OOO전략을 새롭게 수립해야 한다.

위의 예문처럼 연역적 논리 구조에 따르는 답변이나 제안의 구조는 다음과 같다.

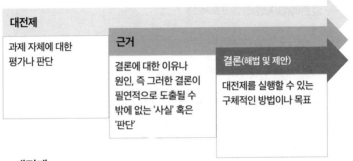

대전제
과제 자체에 대한 평가나 판단

근거
결론에 대한 이유나 원인, 즉 그러한 결론이 필연적으로 도출될 수 밖에 없는 '사실' 혹은 '판단'

결론(해법 및 제안)
대전제를 실행할 수 있는 구체적인 방법이나 목표

• **대전제**

내가 말하고 싶은 것의 요약 (X) / 과제에 대한 핵심 요약 (O)

결론이 자신이 말하고자 한 내용을 요약한 것인지, 정말로 답변해야 할 과제에 대한 답변의 본질적 핵심이 요약된 것인지 정확히 판단해야 한다. 답변의 핵심이 되는 결론은 '과제와 답변'의 관계가 정합적이어야 한다.

• **근거**

객관적 사실에 근거하지 않은 판단, 가설로서의 근거, 주관적이고 당연하다고 생각하는 의견 등은 근거로서 합당하지 않다. 관점에 따라서 얼마든지 다른 판단을 할 수 있기 때문에 신뢰성이 떨어진다. 올바른 근거는 다음의 2가지 요건을 충족해야 한다.

- 사실: 구체적이고 객관적 현상이나 데이터 제시

- 판단: 왜 그렇게 생각한 것인지?

- **결론(해법/제안/실행 프로세스)**

  - 두루뭉술한 표현 (X): …을 추진함/…을 활성화함/…을 강화함/…에 충실함/…에 주력함

  - 구체적으로 적시 (O): 누가/언제부터 언제까지/어느 정도를/어떻게

2. 귀납적 논리

연역법과 반대로 처음부터 결론을 먼저 말하고, 뒤에 결론에 대한 근거나 이유를 독립적으로 받쳐 준다. 결론은 여러 가지 서로 다른 생각이나 사실들의 공통점을 파악하여 그 공통점에 대한 통합적 의미를 서두에 기술하는 것이다. 귀납적 논리의 유형은 다음과 같다.

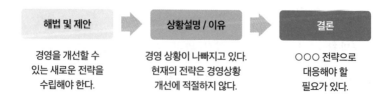

해법 및 제안	상황설명 / 이유	결론
경영을 개선할 수 있는 새로운 전략을 수립해야 한다.	경영 상황이 나빠지고 있다. 현재의 전략은 경영상황 개선에 적절하지 않다.	○○○ 전략으로 대응해야 할 필요가 있다.

- **상황 설명/이유**

동일한 형식논리, 동일한 내용으로 표현한다. 서로 다른 것들의 공통점을 포착하는 능력이 필요하다.

- **결론**

여러 요소 중에서 핵심적이고 중요한 것을 골라내는 능력이 필요하다. 공통 요소를 '한 단어'로 표현하는 능력이 매우 중요하다.

연역법과 귀납법은 상호보완적인 관계를 가진다. 연역법은 귀납법을 위한 관찰의 지침이 되기도 하며, 귀납법에서 관찰하고 경험한 내용은 연역법의 논리를 보충해 주기도 한다.

상대방에게
초점을 맞춰라

상대방이 원하는 것을 담았는가

기획서를 만드는 목적은 상대방을 이해시키거나 어떤 반응을 얻어내기 위한 것이다. 그러므로 기획은 상대방이 원하는 것real needs을 해결할 수 있어야 한다. 문제는 나의 생각과 제안이 상대방의 손에 도달한 후다. 상대방이 그것을 읽거나 들었다 해도 미릿속에 정확히 입력되고 이해되는 것은 별개의 문제이기 때문이다.

대부분의 사람들은 '내가 말하고 싶은 것', '내가 중요하다고 생각하는 것'을 상대방에게 이해시키기 위해 어떻게 하면 좋을까를 고민한다. 그래서 '내가 말하고 싶은 것'을 더 잘 정리하기 위해 글을 고쳐 쓰고 디자인과 포맷을 다듬는 일에 몰두한다.

하지만 여기에 상대방에게 전달되지 않은 가장 중요한 것이 숨어 있다. 상대방에게 중요한 것은 '내가 말하고 싶은 내용'이나 '내가 중요하다고 생각하는 것'이 아니라, '상대방이 전달받기를 기대하는 메시지'다. 전달자의 생각이 상대방에게 전혀 중요하지 않다고 판단되면 아무리 공들여 만든 기획서라 할지라도 쓰레기나 다름없다. 즉, 커뮤니케이션의 오류가 발생하는 것이다.

상대방의 기대와 상관없는 메시지를 설명하는 것은 쌍방 커뮤니케이션이 아니라 한 명의 배우가 홀로 연극을 하는 모노드라마일 뿐이다. 극단적으로 말하자면, 비즈니스에서 '전달자의 생각'은 수신자의 입장에서 전혀 중요하지 않을 때가 매우 많다.

역할 전환으로 상대방의 마음을 읽어라. 그리고 상대방에게도 나의 입장에서 생각해 줄 것을 부탁하라. 기획은 결국 누군가를 설득하기 위한 것이다. 상대의 마음을 정확히 읽지 못하면 기획은 실패한다. 의식의 눈높이를 맞추지 못해 관점의 차이가 생기는 것이 실패의 근본 원인이다. 관점의 불일치야말로 모든 갈등과 실패를 만드는 뿌리라고 할 수 있다.

제안의 본질은 가치의 교환이다. 나와 상대방이 서로 다른 가치를 교환함으로써 윈-윈하는 것이다. 제안이 성공하려면 상대방의 마음속에 숨겨진 진짜 목표, 진짜 가치를 찾아야 한다. 협상에서 돈이 가장 중요한 사안은 아니라는 점을 명심하라. 무형의 가치를 교환할 수 있는지, 오히려 파이를 더 키울 수 있는지부터 생각하라. 문제가 있다면 그 안에 숨겨진 기회를 찾아내라. '문제'는 장애물이 아니다. 오히려 지금까지 발견하지 못한 더 큰 기회의 열쇠다.

상대방의 니즈를 목적 달성에 유리한 방식으로 제안하라. 가치가 다른 대상을 교환하라. 분명히 제안의 질이 월등히 높아질 것이다. 제안의 수준에 대한 판단 기준은 내가 아니라 상대방의 인식과 관점이다. 협상이란 결국 사람과의 관계를 설정하는 것이다. 가장 높은 수준의 기획은 상대방에게 초점을 맞출 때 가능하다는 것을 잊으면 안 된다.

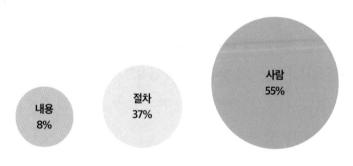

협상의 성공 요인

효과적으로 커뮤니케이션하는 2가지 방법

첫째, 질문을 활용하라.

둘째, 두괄식으로 말하라.

먼저 질문을 활용하는 방법이다. 상대방에게 초점을 맞추면 상대방도 나의 이야기에 관심을 갖는다. 상대방에게 초점을 맞추는 가장 좋은 방법은 단순하다. 먼저 질문을 던져라. 질문은 결론보다 훨씬 강력한 힘을 발휘한다. 협상에 있어서 말을 할 때 대부분 질문 형태여야 한다.

그러면 커뮤니케이션의 오류도 방지하면서 진지한 상호 소통이 이루어진다.

질문은 상대방에 대한 존중의 표현이다. 상대방을 존중하면 나도 상대방으로부터 존중을 받을 수 있다. 질문을 하면 대답을 얻는다. 협상에서 상대의 생각보다 중요한 것은 없다. 협상의 핵심은 '선 질문—후 제안'이다. 질문도 상대방에게 초점을 맞춰야 한다.

- 상대방이 원하는 것
- 공통 사항에 관한 내용
- 장기적 발전에 관한 내용

말을 할 때도 질문을 먼저 하면 보이지 않는 효과가 있다. 아래 예시를 보자.

"저는 서울로 갑니다. 어디로 가세요?"

"어디로 가세요? 저는 서울로 갑니다."

어떤 질문이 더 와닿는가? 당연히 후자다. 내가 아니라 상대방의 생각, 원하는 것을 먼저 물어보기 때문이다. 기획서의 주요 제목을 단정적인 말에서 '질문'으로 바꿔 보라. 훨씬 더 강력한 효과를 얻을 수 있다.

효과적인 커뮤니케이션을 위한 두 번째 제안은 두괄식을 활용하라는 것이다. 기획서는 톱다운Top Down 방식의 연역법을 사용한다. 연역법은 두괄식 구조다.

"전달하고자 하는 핵심이 무엇인가?"

"어떤 문제를 해결하는가?"

기획서의 첫머리에서 선명하고 강력하게 질문의 형태로 문제를 제기하고 이 질문에 대한 최종 결론을 말하라. 질문과 결론을 먼저 던지면 상대방의 집중을 이끌어 낼 수 있다. 이것은 'why'와

'what'을 동시에 던지는 고수들의 비법이다. 새로운 정보나 타당성을 내놓기보다 뭔가(결론이나 구체적인 상황 등)를 상기시키는 것이다.

첫머리는 글의 느낌을 결정짓는 첫 단추다. 첫머리를 어떻게 시작하느냐에 따라 첫인상이 정해진다. 첫머리의 자문자답 형태는 긴장되고 단호한 느낌을 준다.

기획의 3가지 종류

기획은 아래와 같이 크게 세 분야로 구분된다. 그리고 각 분야별 기획의 목적과 역할, 내용이 달라진다.

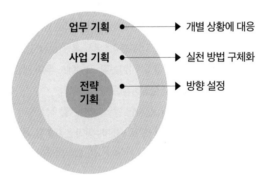

1. 전략 기획

기획은 본질적으로 문제를 해결하기 위함이다. 그리고 전략 기획이란 주어진 문제를 나의 목적 혹은 목표에 부합하도록 해결하는 방법을 설계하는 것이며, 모든 기획의 최상위 레벨에서, 하위의 모든 의사결정의 기준이 된다.

전략 기획은 경영자의 관점에서 모든 일을 진행하고, 회사와 사업이 나아가야 하는 방향을 제시한다. 사업의 방향타를 쥐고 있기에 전략 기획은 여러 기획 중에서도 가장 포괄적인 상위 개념이라고 할 수 있다. 전략 기획의 주요 업무는 다음과 같다.

· 사업 전략 및 중장기 경영 계획 수립
· 신규 사업 기회, 사업성 검토 및 인수합병(M&A)

2. 사업 기획

사업 기획은 전략 기획을 바탕으로 조금 더 구체적인 방법을 설계하는 것이다. 여기서 '사업'이라는 말은 구체적인 '특정 프로젝트'를 의미한다. 전략 기획은 큰 주제와 방향성을 제시하는데 'why'를 중심으로 놓고 생각한다면 사업 기획은 목표와 방법, 즉 'what'과 'how'를 구체화하는 것이다. 물론 전략 기획과 사업 기획을 두부 자르듯이 나눌 수는 없다. 두 기획은 서로 인과관계로 연결되고 내용이 중복되며, 실무적으로는 대부분 한 부서 혹은 담당자 한 명이 하나의 기획서에 이 2가지 기획 내용을 모두 담는다. 그럼에도 굳이 개념을 나누는 이유는 두 기획의 성격과 목적이 분명히 다르기 때문이다.

예를 들면, 전략기획팀 담당자가 '신사업 발굴 기획안'을 작성해야 한다고 치자. 먼저 사업 아이템을 발굴해야 하므로 시장에 이미 존재하는 아이템에 대한 시장조사를 해야 한다. 그다음 자사가 선택한 아이템만의 차별점을 도출하고 이를 발굴한 이유 및 타깃을 기술한다.

특정 사업, 상품, 서비스 등 아이템을 선정하고 나면 해당 아이템으로 수익 창출이 가능한지, 그리고 타깃은 정확한지 점검하고, 사업기획서 제작을 위해 린 캔버스(Lean Canvas, 1페이지 비즈니스 플랜 템플릿)를 작성하게 된다. 이렇게 작성한 린 캔버스에 기반하여 의사결정권자를 설득할 수 있는 사업기획서를 만든다. 이 사업 기획이 통과되면 사업 실행 전략을 수립한다. 이 과정에서 보다시피 전략 기획과 사업 기획이 사실상 하나로 연결되어 있으며, 한 담당자가 전

204

략 기획에 대한 의사결정권자의 수락 후 사업 기획도 수립하게 된다.

3. 업무 기획

업무 기획은 조직 내에서 발생하는 각각의 일상 업무에 나타나는 상황과 변화에 대응하는 기획이다. 마케팅, 판촉, 광고, 전시회, 시장조사, 인사, 인재 육성 등 다양한 세부 목적에 따라 수행된다. 그런데 여기서 기획에 대한 매우 중요한 개념 정리를 하고 넘어갈 필요가 있다.

기획이란 무엇인가? 기획은 영어로는 'Planning'이다. 한자로는 '企+劃'이다. 둘 다 뭔가를 '계획'하는 것이다. 그러나 기획은 단순한 계획과는 분명한 차이점이 있다.

계획: 앞으로 할 일의 절차, 방법, 규모 따위를 미리 헤아려 작성함
- 계획을 짜다, 계획을 실천하다, 작업 계획, 우주 개발 계획
- 현실성, 확정적 요소
- 방법이 중요함

기획: 어떤 목적을 실현하기 위한 구상
- 논리성 + 미확정성, 창의적 요소
- 목적이 중요함

계획과 기획의 차이가 보이는가. 목적성과 창의성이 빠지면 그것은 기획이 아니다. 그렇다면 전략 기획이든, 사업 기획이든 공통적으로 불투명한 상황에서 상상력을 활용해서 새로운 길을 만들거나 찾아내야 한다.

절대 거절할 수 없는
제안의 기술

뭘 원하는지 제대로 알기는 하는가?

사람들이 좋아하는 것들 중에는 먹는 것과 여행이 있다. 그런데 막상 여행을 가 보면 호텔이나 여관은 잠자는 곳이고 전 세계 어디나 비슷하다. 누구나 식상하지만, 숙소는 당연히 그런 것이라고 생각했다. 그런데 그들은 '다르게 생각'했다.

"단지 침실이 아니라 특별한 여행 경험을 얻을 수는 없을까?"

방문하는 지역의 문화, 전통, 풍습과 더 밀접해질 수 있는 그런 공간을 제공한다면 기존의 여행과 다른 경험을 얻을 수 있을 것이다. 에어비앤비는 2007년 이런 단순한 아이디어로 두 명의 호스트가 세 명의 게스트를 맞이한 이후, 현재는 전 세계 거의 모든 국가 10만 개 도시에서 4백만 명의 호스트, 700만 개 이상의 숙소에서 15억 회 이상의 게스트를 맞이하는 규모로 성장했다.

여행자들은 상상할 수 있는 모든 곳에서 자신이 원하는 대로 여행을 즐길 수 있다. 새벽 안개 낀 양목장에서, 고즈넉한 산속 통나무집에서, 호숫가 별장에서 혹은 온 가족이 여름 내내 모든 시설이 다 갖춰진 완벽한 섬의 저택에서 지낼 수도 있다.

에어비앤비에게 숙소는 단지 잠을 자는 곳이 아니라 가족이 함께하는 특별한 공간이다. 에어비앤비는 소유자와 사용자를 분리함으로써 여행자에게 어떤 호텔에서도 느낄 수 없는 특별하고 환상적인 경험을 제공했다.

'에어비앤비의 이런 매력적인 제안을 거절할 사람이 있을까?'

당신의 기획서에는 어떤 제안이 담겨 있는가? 기존의 아이디어를 조금 더 개선한 수준인가? 아니면 완전히 다른 특별한 경험인가? 누구라도 거절할 수 없는 놀라운 제안이 아니라면 그것은 이미 실패한 기획이다. 거절할 수 없는 제안을 하려면 지금 살고 있는 익숙한 세상에서 빠져나와야 한다. 다른 세상을 상상하고 생생하게 그려 보라. 뻔한 제안은 이미 거절이 예정되어 있을 뿐이다.

대부분의 사람이 다이어트를 실패하는 이유는 무엇일까? 다들 간절하게 날씬하고 건강한 몸을 바라는데 말이다. 또한 다이어트의 핵심 원리가 식단 조절과 운동이라는 사실도 잘 알고 있다. 그런데도 왜 실패하는 걸까? 다이어트의 결과로 얻을 수 있는 것이 무의식을 지배하는 식욕보다 더 유혹적이지 않기 때문이다.

인간은 어떤 변화든 무의식적으로 생존에 대한 위협으로 받아들인다. 본능적으로 먹는 행위는 생존하는 데 중요한 권리라고 생각한다. 여러 논리와 지식을 들이민다고 해도 사람을 바꿀 수는 없다. 그들에게는 논리적이고 이성적인 의식보다 안전과 현재에 대한 만족을 추구하려는 무의식의 힘이 훨씬 더 크다.

우리는 살아가면서 모든 분야에서 매 순간 제안을 서로 주고받는다. 태어나서 죽는 순간까지 삶은 제안으로 시작해 제안으로 끝난다고 해도 과장이 아니다. 삶은 제안의 연속이다.

이 대목에서 곰곰이 생각해 보자. 제안에 대한 의사결정을 하기 위해서는 먼저 자신이 진정으로 원하는 것이 무엇인지 잘 알아야 한다. 그런데 대개의 사람은 자신이 무엇을 좋아하고 무엇을 원하는지 잘 모른다. 자신에 대해 깊이 생각해 볼 여유조차 없다. 또한 전통 경제학에서는 인간을 합리적 존재라고 가정하지만 그렇지 않다는 것이 행동경제학을 통해 입증되고 있다.

우리의 의사결정은 언제나 의식적이거나 합리적이거나 이성적이지 않다. 오히려 그 반대인 경우가 더 많다. 많은 사람이 이성적 의사결정을 한다고 믿지만, 실제는 무의식과 감정에 따라 의사결정을 한다. 직감과 잠재의식은 떼려야 뗄 수 없는 관계다. 잠재의식은 무의식이며 본인이 자각하지 못하더라도 행동이나 사고방식에 막대한 영향을 준다.

인간의 행동을 결정하는 데 무의식이 작용하는 비율은 무려 95%에서 97% 정도라고 한다. 우리가 의사결정을 하고, 행동하는 데 자기도 모르게 무의식의 지배를 받고 있는 것이다.

어떤 과학자는 초당 1,100만 바이트의 정보를 받아들이지만, 의식은 이 중에서 겨우 0.000004%만을 처리한다고 한다. 여기서 더 깊이 들어가면 현재나 과거에 만난 모든 사람의 경험과 지식, 지혜, 노하우 등이 연결된 '집단 무의식'에 이르게 된다.

사실상 개인의 무의식과 집단 무의식을 모두 포함한다면 인간의 행동에서 이성적이고 합리적인 의사결정은 사실상 거의 없는 것이나 다름없다. 그럼에도 불구하고 대부분의 사람은 자기 자신을 매우 이성적이며 합리적으로 의사결정을 하는 사람으로 생각한다. 그것은 그저 착각에 불과하다.

심리학의 주 관심사는 의식이 아니라 무의식이다. 마케팅 전략 등 다양한 기획을 수립할 때 무의식이 의식 상태보다 훨씬 중요하게 다루어진다. 그러므로 상대방이 의식적이고 합리적이며 이성적인 판단을 할 것이라는 가정하에 기획하는 것은 오히려 비합리적인 기획이 될 수 있다.

기획의 목적을 달성하기 위해서는 상대방의 그런 무의식적 의사결정이 생각보다 매우 많을 수 있음을 고려해서 설계해야 한다. 무의식을 고려하지 않은 기획은 불과 1%도 안 되는 의식에 기대어 매우 합리적이고 이성적인 결과를 바라는 헛된 논리를 나열하는 것일 뿐이다.

그런데 문제는 무의식을 이해하기가 쉽지 않다는 점이다. 마치 무한한 우주 공간에서 보일 듯 말 듯한 태고의 빛을 감지해서 창조의 비밀을 캐내려는 것과 비슷하다. 그런데 그 희미한 빛을 통해 인간들은 기어이 우주 창조의 비밀을 하나씩 알아가고 있다. 아무리 이해하기 어려운 무의식일지라도 힌트는 있다는 말이다.

무의식에 잠재된 욕구를 자극한다

사람들은 흔히 "생각해 볼게요.", "잘 모르겠네요.", "글쎄요."라고 말한다. 무슨 의미일까? 뭔가 딱 떨어지는 느낌이 부족하다는 뜻이다. 이유는 모르겠지만 느낌이 좋지 않으니 확신을 갖게 해달라는 요구다. 이런 말을 하는 것은 합리적·이성적·논리적 판단을 한 결과가 아니라 무의식이 작동한 것이다.

무의식을 움직이는 힘은 생존 본능이다. 무의식은 동물들이 생존의 위험을 본능적으로 회피하는 타고난 '감感'이다. 마치 자동항법장치와 같아서 안전을 위협하는 모든 선택권을 배제시키려는 본능적 감각이다.

의식은 생각하고 계산해서 결정을 내리는 컴퓨터와 같다. 그러나 의식적인 결정에는 반드시 판단에 대한 대가가 수반된다. 무의식은 반사적인 판단을 주도한다. 그리고 오늘 경험한 것과 과거의 경험을 동일시하는 고정관념을 유발시킨다. 무의식은 일반적으로 두뇌의 깊고 오래된 사고의 틀에서 작동하기 때문에 합리적인 선택보다 그 반대인 경우가 매우 많다. 이처럼 무의식 속의 인격은 우리 행동에 깊은 영향을 미친다. 의식과 무의식을 비교하면 다음과 같다.

의식	무의식
미래	현재
유연성	경직성
긍정적 정보에 민감	부정적 정보에 민감
사후 비교	일정한 패턴 형성
단일 시스템	복합 시스템

무의식은 현재를, 의식은 미래를 지향한다. 무의식은 경직된 반면에 의식은 유연하다. 무의식은 부정적인 정보에 민감하지만 의식은 긍정적인 정보를 선호한다. 무의식은 일정한 패턴을 형성하지만 의식은 사후 비교를 추구한다. 따라서 무의식은 복합 시스템이지만 의식은 단일 시스템이라고 할 수 있다.

중요한 것은 나의 목적과 목표다. 상대방의 마음을 사로잡으려면 의식과 무의식의 세계를 뛰어넘어야 한다. 다시 말해 제안은 누가 보더라도 기본적으로 상대방의 본능적인 욕구와 기대를 충족시켜야 하며, 그 위에 합리적이고 논리적으로 목표 달성 가능성을 입혀야 한다.

왜냐하면 제안을 받아들이는 의사결정의 95%가 본능에 따라 이루어지기 때문이다. 이처럼 "예스"라는 대답을 얻기 위해서는 상대의 무의식에 잠재된 핵심 욕구를 자극하는 합리적인 제안을 해야한다. 그리고 감정까지 충분히 고려하여 논리적 제안을 한다면 성공 가능성이 매우 높아질 것이다.

상대방의 머릿속에는 4가지 질문만 있다

비즈니스는 제안과 설득의 연속이다. 그런데 대부분의 제안이 성공하지 못하는 이유는 무엇일까? 거절할 수 없는 제안을 하지 못했기 때문이다. 거절할 수 없는 제안이란, 상대방의 본능적 욕구, 즉 DNA에 딱 맞는 제안을 말한다. 이러한 제안은 실패할 확률이 상당히 낮다.

기본적으로 제안은 타인에게서 '예스'라는 답을 얻어내기 위해 하는 것이다. 그 사람이 무언가 행동하도록 만드는 것이기도 하다. 지금이든 나중이든 상대방에게 어떻게 '예스'라는 답을 끌어낼 것인가? 누군가에게 긍정적인 의사결정을 하게 만드는 첫 번째 원칙은 개인의 환경 변화를 약속하는 것이다. 제안은 그러한 변화에 대한 약속을 상대방이 믿게끔 하는 것이다.

설득의 핵심은 신뢰다. 믿을 수 있어야 한다. 신뢰는 영향력의 핵심이다. 하지만 문제는 이쪽이 아니라 저쪽이다. 상대방이 그렇게 인식해야만 한다. 상대방이 받아들일 수밖에 없는 이익을 명확하게 제시함으로써 나의 제품이나 서비스의 차별화된 정체성을 구축하는 제안, 이것이 거절할 수 없는 제안이며, 비즈니스의 시작이자 끝이다. 모든 비즈니스의 성공은 거절할 수 없는 제안을 하느냐에 달렸다.

거절할 수 없는 제안은 프로모션이나 일회성 이벤트가 아니다. 비즈니스의 정체성이자 차별화이며 지속적인 성장을 이끌어 가는 핵심 동력이다. 예를 들어 보자.

· 볼보 자동차

'가장 안전한 자동차'를 제안한다. 나의 생명을 지켜 준다고 약속한다. 이보다 더 중요한 것이 있을까. 거절하기 어렵다.

· 노드스트롬 백화점

'만족하지 않으면 이유를 불문하고 영수증 없이도 무조건 환불' 해 줄 것을 제안한다. 어떻게 거절하겠는가? 오히려 고객들은 그들을 칭송한다.

• 쿠팡

'총알 배송'을 약속한다. 배송 속도는 한국인의 최강 니즈다. 그런데 거기에 '무료 배송'까지 더했다. 한국 사람이라면 절대 거절할 수 없다. '무조건 Thank you!'다.

• 메르세데스 벤츠

'The Best or Nothing', 즉 최고가 아니면 아무것도 아니다. 최고를 지향하는 사람이라면 인생의 목표로 삼을 만한 제안이다.

거절할 수 없는 제안이란 단순한 이익을 말하는 것이 아니다. 상대방이 믿을 수 있는 신뢰를 바탕으로 적극적으로 행동하게 만드는 것이다. 거절할 수 없는 제안은 단순한 차별화나 독특함이 아니다. 정체성과 신뢰가 담겨 있어야 한다.

제안을 받는 상대방은 아주 단순하게 생각한다. 그들의 머리속에는 딱 4가지 질문만 있다.

- 어떤 제안을 하는 건가?
- 비용은 얼마인가?
- 믿을 수 있는 근거는 무엇인가?
- 그래서 내가 얻는 것은 무엇인가?

제안은 이 4가지 질문에 대해 대답하는 것이다. 이러한 질문을 충족하려면 3가지 조건이 충족되어야 한다.

조건1. 상대방이 받아들일 수밖에 없는 제안

제안 내용은 상대방이 가장 간절히 원하는 것으로 채워야 한다. 투자에 비해 얻을 수 있는 가치가 없거나 너무 낮으면 비즈니스는 성립하지 않는다. 그러나 투자 대비 가치가 높으면 비즈니스는 성공한다.

지불해야 할 비용이 낮다고 해서 상대방이 얻을 수 있는 가치가 높아지는 것은 아니다. 나도 적절한 이익을 얻으면서 상대방이 만족할 만한 이익을 줄 수 있어야 한다.

- 볼보 자동차: 성능 좋은 자동차 + 탁월한 안전 시스템

- 노드스트롬 백화점: 명품 수준의 제품 + 불만족 시 무조건 환불

- 쿠팡: 안전한 배송 + 놀라운 속도 + 무료 배송

- 에어비앤비: 다양한 숙박 체험 + 집과 같은 편안함 + 차별화된 현지 경험

- 메르세데스 벤츠: 최고의 성능 + 최고의 품격 + 최고의 브랜드

조건2. 쉽고 단순한 메시지

- 명료성: 다른 것을 생각하지 않게 할 명확한 메시지로 상대방의 마음을

사로잡아야 한다.

- 단순성: 상대방은 복잡한 생각을 싫어한다. 쉽게 이해할 수 있도록 단순해야 한다.

- 단도직입: 메시지는 단도직입적이어야 한다. 그래야 즉시 의사결정을 할 수 있다. 무엇을 제공하는지, 비용 대비 가치를 쉽게 알 수 있어야 한다.

조건3. 증명할 수 있는 신뢰

상대방에게 강력한 신뢰를 주는 방법은 사회적 증명과 논리적 증명이 있다.

• 사회적 증명

제안할 때 하는 흔한 실수 중 하나는 바로 상대방(개인)만의 이익을 생각한다는 점이다. 하지만 그보다는 더 넓게 생각해야 한다. 제안이 상대방이 소속된 집단이나 사회 전체에 어떤 혜택을 주는지 감안해야 한다. 왜냐하면 폭넓게 의미가 있는 것은 상대방에게 이 제안이 사회적으로도 타당하다는 것을 보여 주기 때문이다.

대중 연설가들은 개인을 일대일로 설득하는 것보다 대규모 집단을 대상으로 설득하는 편이 훨씬 쉽다는 사실을 잘 알고 있다. 집단 사고에 사로잡힌 군중들은 그 집단의 리더의 선택에 휩쓸리는 경향이 매우 강하다. 양치기가 모는 방향으로 몰려가는 양 떼와 비슷한 모습이다. 집단 구성원들의 수가 많을수록 대다수 구성원들은 리더가 제시하는 방향에 순응하는 경향이 있다. 집단 구성원의 행동양식은 동물과 비슷하며 쉽게 무리를 형성한다.

이처럼 많은 사람이 사용하고 그들이 만족한다는 것을 증명함으로써 상대방에게 확실한 신뢰를 얻을 수 있다. 그래서 사회적 인지도가 높은 사람의 추천을 활용하기도 한다.

• 논리적 증명

합리적인 논리는 생각보다 매우 큰 힘을 발휘한다. 비용이 저렴한 이유, 환불 보증, 시간을 단축시킬 수 있는 이유, 보증기간, 무료 서비스, 독점 권리 등 합리적이고 타당한 논리는 누구에게든 신뢰를 줄 수 있다.

'YES'를 끌어내는
설득의 기술

사람의 마음을 이해하는 것이 먼저

상대방이 내가 원하는 행동을 하도록 설득하기 위해 우리는 제안을 한다. 그런데 논리만으로 설득을 성공시킬 확률은 얼마나 될까? 아리스토텔레스는 수사학에서 사람의 마음을 움직이는 설득의 방법은 크게 3가지라고 말했다.

- 에토스Ethos: 화자의 개인적 특성, 신뢰에 따른 설득
- 파토스Pathos: 청중의 감정, 감성을 활용한 설득
- 로고스Logos: 논리적이고 명백한 증명을 통한 설득

결론적으로 아리스토텔레스는 성공적인 설득을 위해서는 우선 평소의 생활과 삶을 통해 그 사람과의 신뢰를 구축하고(에토스), 그 사람이 나와 정서적으로 통할 수 있는 마음 상태로 만든 후에(파토스), 논리적·합리적으로 설득을 진행(로고스)해야 한다고 말한다.

그런데 사람들은 상대방을 설득할 때 에토스와 파토스는 거의 고려하지 않은 채 로고스, 즉 논리의 타당성만을 강조하려 든다. 이해하고 이해받는 공감대가 없는 상태에서 논리적 설득을 하려 든다면 실패는 불을 보듯 뻔하다.

로고스만을 사용한 제안은 가장 낮은 신뢰 수준에서의 제안이다. 그것은 상대방에 대해 무감각 혹은 무관심하다는 증거다. 가장 설득력이 낮은 방법이다. 가장 효과적인 설득은 기본적으로 상대방 마음을 깊이 들여다보면서 존중하는 태도를 가질 때 가능해진다.

즉, 인간의 마음을 이해하지 않으면 높은 수준의 소통은 어렵다고 봐야 한다. 상대방이 나의 제안을 받아들이는 이유가 무엇인지 정확히 이해해야 한다.

놀랍게도 사람은 생각보다 매우 단순하며 비이성적인 판단을 한다. 이에 따라 제안할 때 논리보다 심리에 초점을 맞추는 것이 중요하다. 지금부터 절대 거절할 수 없는 설득의 기술 3가지를 제시한다.

상대의 마음을 사로잡는 3가지 방법

첫 번째 설득의 기술 : 'YES'를 유도하는 질문을 하라

다음과 같은 상황에서 질문을 바꿨을 때 어떤 선택을 하는지 실험을 했다.

(상황)

천 명의 인질이 잡혀 있다. 선택할 수 있는 전략은 둘 중 하나다. 무엇을 선택할 것인가?

(질문 1) 아래 두 개의 전략 중 어떤 것을 선택할 것인가?

- A전략을 선택하면 330명의 목숨을 구할 수 있다.
- B전략을 선택하면 천 명 전체의 목숨을 구할 가능성이 3분의 1인 반면, 누구도 살아남지 못할 가능성은 3분의 2이다.

(결과)

이 실험 결과 72%가 '위험한 도박'으로 보이는 B전략보다는 '확실한 방법'으로 보이는 A전략을 선택했다.

(질문 2) 아래 두 개의 전략 중 어떤 것을 선택할 것인가?

- C전략을 선택하면 660명이 사망할 것이다.

- D전략을 선택하면 누구도 사망하지 않을 가능성은 3분 1인 반면, 천 명 전체가 사망할 가능성은 3분의 2이다.

(결과)

그러나 같은 질문을 다른 표현으로 제시하자 결과는 반대로 나타났다. 같은 피실험자들의 78%가 D전략을 선택한 것이다.

질문 1과 2는 사실 같은 내용이다. 다만 표현만 바꿨을 뿐이다. 논리적으로 따지면 A전략을 선택한 사람은 C전략을 선택해야 합리적이다. 그리고 B를 선택한 사람은 D를 선택해야 한다.

왜냐하면 질문 1과 2는 동일한 내용이기 때문이다. 질문을 어떻게 구성하느냐에 따라 사람들의 의사결정이 정반대로 달라진다는 것을 보여 준다.

왜 이런 결과가 나오는 걸까? 사람들은 뭔가를 얻는 기쁨보다 잃는 두려움을 훨씬 크게 느끼기 때문이다.

(질문 1)에서는 A전략이 인질을 구해 낼 가능성이 더 높은 것처럼 표현되어 있다.

(질문 2)에서는 D전략이 사망 가능성이 더 적은 것처럼 느껴지도록 표현되

어 있다.

사람들의 의사결정은 반드시 합리적인 논리나 이성에 근거하지 않는다. 다양한 대안 중에 논리적으로 가장 현명한 하나를 선택하는 것이 이성적 판단이겠지만, 논리와 현실적 의사결정이 반드시 일치하는 것은 아니다. 사람들은 꼭 최상의 선택을 하지 않는다. 그보다는 사실을 얼마나 매혹적이고 긍정적으로 보이게 설명하는가에 따라 선택이 달라진다. 사람들이 더 선호하는 선택을 유도하도록, 즉 'YES'를 끌어내는 질문을 담아 제안한다.

두 번째 설득의 기술 : 선택을 쉽게!

사람들은 선택지가 많을수록 이른바 '인지부조화' 현상이 발생한다. 인지부조화認知不調和, Cognitive dissonance란, 사람들이 자신의 신념이나 태도가 행동과 서로 모순되어 일관성이 없다고 느끼는 불균형 상태를 말한다. 사람들은 다양한 대안과 그중 하나를 선택할 자유와 권리가 있어야 한다고 생각한다. 그런데 선택지가 너무 많아지면 오히려 판단력이 떨어져 올바른 선택을 하지 못한다.

사람들은 방향을 갈구한다. 타인의 무의식적 욕구를 사로잡으려면 방향을 제시해야 한다. 자유를 원하면서 동시에 통제되길 바란다. 오히려 통제 불가능한 상황을 매우 불안하게 여긴다. 그래서 여러 가지 선택권과 대안을 압축함으로써 인지부조화를 없앨 수 있다. 선택지는 적을수록 좋다. 선택의 폭이 많을수록 올바른 선택을 하기가 더욱 어려워진다.

제안을 할 때는 가능성이 있는 여러 가지 내용 중에서 가장 빛나는 제안 하나만 부각시킨다. 제안을 빛나게 하려면 비교 대상과의 격차를 최대한 크게 하는 것이 유리하다.

토크쇼의 황제 자니 카슨이 진행했던 〈투나잇 쇼〉에서의 일이다. 어느 날 미국 걸스카우트 최고의 쿠키 세일즈맨으로 꼽히는 소녀가 그의 프로그램에 출연했다. 카슨이 판매 비결을 묻자 소녀는 이렇게 말했다.

"그냥 아무 집에 가서 이렇게 말해요. '걸스카우트에 3만 달러를 기부하실 의향은 없으세요?'

당연히 사람들은 '없다'고 대답해요. 그때 저는 이렇게 말해요. '그럼 걸스카우트 쿠키 한 상자만 사 주시면 안 될까요?'"

카슨뿐만 아니라 청중들도 감탄사를 연발한다. 그 소녀는 고작 여덟 살에 불과했지만 이미 '선택의 법칙'을 터득하고 있었다.

이처럼 처음에는 쉽게 결정하기 어려운 제안을 한 뒤, 상대적으로 아주 쉬운 제안을 하면 사람들은 십중팔구 그 제안을 받아들인다. 이러한 선택의 법칙이 의미하는 것은 2가지 제안을 같은 시기, 같은 공간, 같은 의식 속에 인식시킬 때 상대방은 2가지의 차이를 이해하고 과거 머릿속에 입력된 프로그램을 바탕으로 어느 하나를 선택하게 된다는 뜻이다.

부동산 중개업자가 고객에게 전혀 마음에 들어 하지 않을 집을 먼저 보여 주고 나서, 모든 점에서 고객의 요구와 맞아떨어지는 집을 두 번째로 보여 주는 이유도 바로 이런 심리를 이용한 것이다.

선택의 법칙에는 긍정과 부정 중에서 선택을 유도하는 방법도 있다. 이것은 처음부터 나의 제안이 가져올 긍정적인 측면과 부정적인 결과를 모두 지적하는 것이다. 그러면 상대방은 나의 제안이 매우 정직하다고 느끼며 안심한다. 그때 상대방이 긍정적인 측면의 제안을 선택하도록 유도한다. 긍정적 제안을 상대방이 이미 수용한 것처럼 느끼도록 설명 방식을 구성한다. 즉, 상대방의 머릿속에 긍정적 제안의 결과를 생생하게 그려 준다.

그럼에도 불구하고 제안을 거절했을 때 상대방이 당할 수 있는 불이익을 알게 해야 한다. 누구나 손실을 싫어하며 회피하려는 본능이 있기 때문이다. 제안을 거절했을 때 유발되는 손실을 상대방의 머릿속에 뚜렷이 인식시킨다.

세 번째 설득의 기술 : 작은 결정을 먼저 하게 한다

당신은 상대방이 당신에게만 "Yes"라고 말하고, 모든 거래를 당신하고만 하길 바란다. 이것은 당신이 좋아하는 연인이 모든 남자 혹은 여자를 거절하고, 오직 당신에게만 헌신하기를 바라는 것과 같다. 불가능한 것은 아니다. 오히려 아주 쉬울 수도 있다. 어떻게 제안하면 가능할까?

제안을 해서 처음에 'YES'를 끌어내는 것은 어려운 일이다. 일단 긍정적인 반응을 얻고 나야 모든 것이 수월해진다. 처음의 예스와 두 번째 예스가 전혀 다른 차원임을 알아야 한다. 처음에 예스라고 일단 대답했다면 비슷하거나 이어지는 제안에 또다시 예스라고 답할 가능성이 매우 높다. 사람들은 과거의 경험, 특히 반사 반응을 토대로 현재의 결정을 내릴 때가 많기 때문이다. 매우 좋은 기회였음에도 한 번 'No!'라고 했던 사람은 비슷한 상황에 직면했을 때 또다시 거부할 가능성이 높다. 자신에게 유리한 제안이라면 받아들이는 게 당연하지만, 두뇌는 처음의 판단과 같은 방향으로 움직이려 하기 때문이다.

원리는 뉴턴의 제1법칙인 관성의 법칙과 같다. 한 번 방향을 정하면 계속 그 방향으로 가려 한다. 쉽게 말하자면 과거와 유사한 상황에서는 순간적으로 과거와 동일한 대답을 하게 된다.

이것은 처음의 제안이 안전하다고 생각되면 그 뒤의 제안도 안심하고 수락하게 되는 심리 때문이다. 도미노 효과가 작동하는 것이다. 결론적으로 처음의 제안을 어떻게 'Yes'로 만들 것인가가 제안의 목표를 달성하는 핵심 열쇠다.

사람들은 중요하거나 큰 결정은 많은 시간과 고민을 거친다. 그러나 사소해 보이는 작은 결정은 어렵지 않게 한다. 먼저 작은 행동이나 결정을 하고 나면 그것 때문에 생각도 바뀐다. 앞의 선택을 통해 자신의 선택이 안전하고 합리적인 결정이었다고 생각하게 되기 때문이다.

이런 점을 고려하여 상대방에게 최대한 가치가 있는 상품, 아이디어, 서비스 등을 제안한다. 일단 무언가를 허락한 순간부터 사람들은 이전보다 이 제안에 더 많은 가치를 부여한다.

이것은 마치 어릴 때의 사소한 습관이 그 사람의 평생 직업이 되거나 행동 기준이 되는 것과 같다. 어린 시절에 들었던 사소한 칭찬 하나가 그 사람의 인생에 결정적인 기준으로 자리 잡아 인생 전체가 바뀔 때도 많지 않은가.

무작정 타인의 생각을 바꾸려고 설득하기 전에 어떻게 하면 특정 행동 속으로 그 사람을 끌어들일 수 있을지를 생각해야 한다.

제안은 처음에는 당연히 'YES'할 수 있는 아주 작은 것부터 시작하는 것이 현명한 방법이다. 작고 쉬운 제안을 통해 그 사람을 끌어들인 후 점점 큰 제안으로 합류시킨다.

확실히 검증된 전문가들의 기술로서 'FITD^{Foot In The Door}'가 있다. 이 기법의 핵심은 궁극적으로 'Yes'를 끌어내기에 앞서 작고 간단한 요청을 통해 상대방에게 긍정적인 반응을 유도하는 데 있다.

과거 미국에서 백과사전 세일즈맨들이 한창 활동하던 때가 있었다. 당시 그들은 백과사전에 대해 설명하기 전에 무료 샘플 도서를 건네주며 소비자의 집 안에 발부터 들여놓고 "딱 3분만 설명할 시간을 달라."고 요청하는 방법으로 고객에게 세일즈 기회를 얻었다.

부담 없는 제안을 허락한 고객들에게 서서히 다가가 결국에는 호응을 얻어 내 본격적으로 설명할 기회를 만들어 내는 방법이었다. 그 효과는 기대 이상이었다.

이 기법은 요즘도 다양한 비즈니스에서 확실한 효과를 거두고 있다. 카카오톡은 처음에는 무료 메신저였다. 물론 지금도 무료다. 그러나 이모티콘, 게임, 만화, 선물, 쇼핑, 금융 등 매우 많은 분야를 확장해 사용자들에게서 수익을 챙기고 있다. 모든 플랫폼의 전형적이고 필수적인 수법이다. 처음에 제공하는 맛보기 기본 서비스는 무료, 그러나 프리미엄은 유료! 이것이 바로 모든 비즈니스에서 검증된 FITD 기술이다.

> "첫 번째 수락한 제안은 두 번째 제안도 받아들여질 가능성이
> 크다."

사람의 마음은 누군가로부터 소중한 무언가를 받았다면 그에 상
응하는 무언가를 주고 싶어 하기 마련이다. 그런데 이 세상의 위대
한 인물이나 비즈니스 전문가들은 상대방에게 무언가 의미 있는 것
을 먼저 줄 줄 아는 사람들이었다. 사람들의 심리를 정확히 꿰뚫고
있었던 것이다.

비즈니스에서 활용하기에 가장 좋은 첫 선물은 상대방의 비즈니
스 또는 수익과 관련된 중요한 정보나 아이디어를 제공하는 것이
다. 비용이 적게 들 뿐 아니라 상대방에게 나의 배려에 대한 감사
인사까지 받을 수 있다. 작은 정보나 아이디어 하나가 때로는 상대
방의 수익에 엄청난 기여를 할 수도 있다. 이것이 바로 상호성의 법
칙을 유도하는 방법이다. 단순하지만 매우 효과적이다. 과학적인
연구에 따르면 상호성이야말로 설득에 가장 큰 영향을 미치는 요
소다.

누군가에게 소중한 것을 공짜로 제공하면 그 사람도 보답해야 한

다는 마음이 생긴다. 무언가를 제공할 때 내가 얼마나 많은 비용이나 노력을 투자했느냐는 중요하지 않다. 핵심은 그것이 상대방에게 얼마나 가치 있게 받아들여지느냐 하는 점이다.

4장

기획의 마스터 로직
FOCUS 5단계

THE
PLAN
NING

기획의 포커스 로직 5단계는
전략 기획, 사업 기획만이 아니라
다양한 업무 기획에도 적용될 수 있는 공식이다.
이 간단한 공식은 규모에 상관없이
모든 기획에 적용할 수 있고,
융통성 있게 활용해서 아이디어를 창출하면서
여러 난제를 다룰 수 있으며,
번뜩이는 아이디어를 살아 있는 혁신적 기획으로 만들어 줄 수 있다.

포커스 로직 5단계는 다음과 같이 진행된다.

> 1단계 Focusing / 하나의 질문 & 하나의 목표

> 2단계 Organize / 논리의 구조화

> 3단계 Choice / 최선의 방안 선택

> 4단계 Unique / 패러다임의 차별화

> 5단계 Scenario / 실행 프로세스

포커스 로직 1단계: Focusing
단 하나의 질문과 목표

기획이란 단 하나의 질문, 단 하나의 목적, 단 하나의 목표에 대한 답을 찾는 것이다. 최고의 기획서란 최고의 질문을 해결해 준다. 그러므로 기획서를 관통하는 근원적 질문을 추출하는 것, 이것이 기획의 시작이자 끝이다.

기획을 통해 얻고자 하는 것은 문제를 해결하고 목적을 달성하는 것이다. 그래서 기획의 고수들은 목표 달성에 방해가 되는 요소들을 제거하는 것부터 한다. 뚜렷한 목표점 없이 기획을 시작하는 것은 목적지를 정하지 않고 항구를 떠난 것과 같다. 구체적인 단 하나는 가장 핵심적 문제, 가장 원하는 것, 가장 얻고 싶은 것을 말한다.

질문은 문제를 인식하는 데서 시작된다.

- 무엇이 문제인가?

- 무엇을 해결해야 하는가?

- 이 과제를 꼭 해야 하는 이유가 무엇인가?

문제를 인식함으로써 목표를 정할 수 있고 '무엇을 어느 수준까지 도달해야 하는가?'를 구체화할 수 있다. 기획서를 설계하기 위해서는 최종 목표, 최우선 목표부터 정해야 한다. 그런데 의외로 많은 기획서에서 목표가 분명하게 보이지 않는다. 심지어 목표보다 중요한 건 차별화라고 말하는 기획자들도 있다. 그러나 목표가 없다면 이미 방향을 상실한 기획이다. 결국 차별화된 기획서 설계 자체가 어불성설이 된다.

모든 기획서는 무조건 두괄식이어야 한다. 목표, 제안, 결론이 기획서의 가장 서두에 제시되는 것이 좋다. '반드시 달성해야 할 목표', '거부할 수 없는 제안', '길고 긴 논리의 결론'을 먼저 말해야 한다. 모든 순서에 앞서 말함으로써 기획서에 힘을 불어넣어 준다.

목표, 제안, 결론을 말하려면 먼저 스스로 본질을 묻는 질문을 던져야 한다.

- 목표는 무엇인가?

- 상대방은 누구인가? / 상대방이 간절히 원하는 것은 무엇인가?

- 설득에 필요한 것은 무엇인가?

- 무엇을 해결할 것인가?

- 왜 그 문제를 해결해야 하는가?

기획의 시작은 'why'다. why는 시작과 끝을 동시에 묻는 것이다. 무언가를 시작하는 이유를 물으면서 동시에 최종 목적을 묻는 것이 why다. why를 물음으로써 가치, 목적, 이유, 목표를 선명하게 하고 기획의 초점을 잡을 수 있다. 초점은 하나다.

생각의 초점을 맞춘다는 것은 뭔가를 '선택'한다는 것이다. 통찰력은 핵심을 선택하는 능력이다. 선택한다는 것은 뭔가를 버리거나 포기하는 것이다.

사진을 찍을 때 아웃포커싱Out Focusing 기법이 있다. 자신이 찍고

자 하는 피사체만 선명하게 하고 다른 배경은 희미하게 처리하는 것이다. 아웃포커싱을 하는 이유는 자신이 선택한 피사체를 더욱 부각시키기 위해서다. 포커싱Focusing, 즉 생각의 초점 맞추기는 선택과 집중의 원칙에 따라 '단 하나의 결론'을 선택하는 것이다. 왜 그래야 할까? 이유는 분명하다. 초점이 분산되면 모두 놓치기 때문이다. 단 하나를 결정하는 것이 원하는 것을 얻을 수 있는 최고의 방법이다.

가장 중요한 첫 번째 핵심을 찾아서 거기에 모든 에너지를 집중하라. 단 하나의 핵심으로부터 모든 생각이 확산되어야 한다. 그리고 단 하나의 중심이 되는 것을 끝까지 유지해 가는 것이 논리적 구조론의 핵심이다. 단 하나를 찾기 위해서는 질문이 필요하다.

- 모든 것을 뒤로할 만큼 가장 중요한 것은 무엇인가?
- 모든 것을 채워 줄 수 있는 가장 중요한 가치는 무엇인가?
- 모든 문제를 해결해 줄 수 있는 핵심 열쇠는 무엇인가?
- 모든 것을 걸 수 있는 단 하나의 목표는 무엇인가?

단 하나를 선택하기 위해서는 다음과 같은 잘못된 믿음을 버려야 한다. "모든 것이 다 중요하다", "여러 가지 생각을 동시에 할 수 있어야 한다."라는 멀티태스킹 사고는 사람을 바보로 만든다. 모든 것을 동시에 해결하려고 하지 마라. 무엇을 하든 우선순위를 정해야 한다. 선택하는 것이 있으면 버리거나 포기하는 것이 있어야 한다. 'Yes!'가 있으려면 그 반대를 향해 'No!'라고 말할 수 있어야 한다. 기적은 항상 선택적 집중에서 만들어진다. 버리고 선택하고 집중하라.

"스스로 결정한 단 하나를 위해 노력하는 외골수가 되어라."

– 조지 패튼

포커스 로직 2단계: Organize
논리의 구조화

논리가 부족한 기획은 기획이 아니라 소설이 되고 만다. 계획과 달리 기획에는 미래에 대한 미확정성과 창조성이 더해지는데, 거기에 논리가 부족해지면 설득력이 떨어진다.

논리는 사실을 근거로 관찰을 통한 가치 판단을 기반으로 해야 한다. 그래야 누구라도 동의하거나 설득될 수 있다. 사실을 근거로 관찰을 하는 것, 이것이 분석이다. 분석의 목적은 기회를 포착하는 것이다. 결론적으로 논리는 분석을 기반으로 만들어진다.

논리의 구조화는 수집한 문제, 주장, 특징, 이미지, 아이디어, 특성, 개념을 하나의 목표로 흐름을 만들어 논리적으로 정리하는 것을 말한다. 이것은 "지금 어떤 상황인가?", "사람들은 무엇을 생각하고 어떻게 행동하는가?"를 파악하는 것이다. 많은 정보를 구조화한다는 것은 각각의 나무가 아니라 숲을 이해하는 것이다. 논리를 구조화하기 위해 자료를 분석하는 방법 3가지가 있다.

자료 분석 방법 1. 패턴 읽기

여기저기서 모은 자료들의 패턴을 읽어 숲을 이해해야 한다. 그러자면 몇 가지 질문이 필요하다.

- 어떤 사례를 모아야 하는가?
- 공통 패턴은 무엇인가?
- 핵심 특성은 무엇인가?
- 무엇을 읽을 수 있는가?

이러한 질문을 바탕으로 작업을 시작한다. 벽에 커다란 종이를 걸어 놓고 아주 세밀한 내용까지 포함해 수많은 아이디어를 최대한 모은다. 변화 요소들의 추세, 다양한 시나리오, 내부의 핵심 역량, 이루고자 하는 비전들…. 그 무엇이든 상관없이 한데 모은다. 아무도 관찰하지 못한 변화의 패턴을 관찰할 수 있게 만드는 것이 바로 이 아이디어들이다.

모든 아이디어를 유사한 것끼리 묶어 가며 기록하고, 거기서 나타나는 패턴들을 적거나 표시한다. 그 패턴들의 특징에 따라 각각에 명료한 이름을 붙인다. 목표에 부합하는 것 외에는 모두 제거하고 여러 개로 뭉쳐진 것들에서 다시 공통 패턴을 찾아낸다.

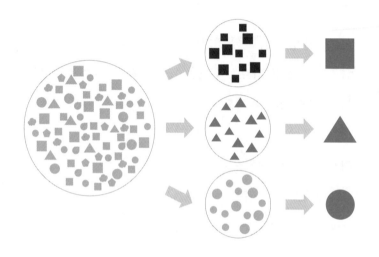

자료 분석 방법 2. 미래 예측

정확한 예측을 위해서는 경제, 사회적 변화, 국제 정세 등 다양한 요소들의 추세를 읽어야 한다.

• 이 추세가 앞으로도 계속 한 방향으로 갈까, 아니면 다른 방향으로 꺾어질까?

• 이 추세의 속도는 빠를까, 아니면 느릴까?

• 경쟁 상대, 공급자, 고객의 수요, 국가의 경제 정책은 어떤 방향으로 움직

일 것인가?

목표와 전략이 미래 환경에도 부합하는지 생각해야 한다.

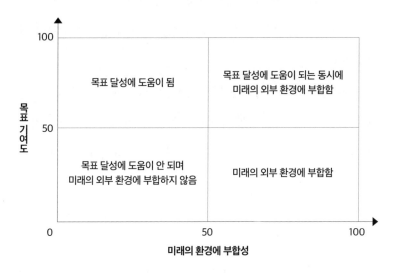

• 이 전략은 목표를 향해 가는 데 기여하는가?

• 이 전략은 조직의 강점이나 핵심 역량을 활용하는가?

• 이 전략은 미래의 환경에 부응하는가?

그리고 각 요소에 점수를 매겨 그것이 미래 환경에 부합하는지
판단하면 더 명확하게 분석할 수 있다. 당연히 미래 환경에 더 잘

부합하면서 동시에 목표 기여도 역시 높아야 한다.

자료 분석 방법 3. 관점 전환

사람들은 가치 판단을 할 때 대부분 자기중심적으로 판단한다. 자기 자신 혹은 자기가 속한 조직을 먼저 보고, 그다음에 고객, 경쟁사, 구조, 기술 등을 바라본다. 이것을 '안에서 밖으로의 관점'이라고 한다.

그러나 이런 접근법은 복잡하고 변화가 급속한 환경에 대응하기에 적절하지 않다. '안에서 밖으로의 관점'은 아직 분명하게 드러나지 않은 시장의 변화를 정확히 간파하거나 예측하기가 어렵다.

반대로 '밖에서 안으로의 관점'이 더 정확한 의사결정을 할 수 있다. 왜냐하면 자신이나 내부 조직은 얼마든지 외부 상황에 따라 변경하거나 조정이 가능하지만 외부 요소, 즉 법률, 경제 상황, 국제 정세, 정치와 정책 등의 변화는 내가 바꿀 수 없기 때문이다. 또 의사결정에 영향을 끼치는 힘은 내부 조건보다 외부 환경이 훨씬 더 크기 때문이다.

그러므로 관점을 '밖에서 안으로의 관점'으로 바꾸지 않으면 자기 모순에 갇히는 문제가 생길 수 있다. 어떤 관점으로 상황을 분석해야 하는지 아래 그림을 보면 쉽게 이해할 수 있다.

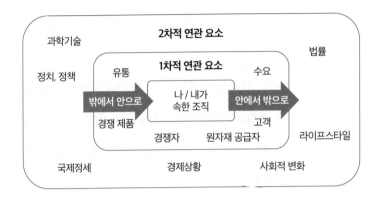

논리의 구조화를 위해 이슈, 주장, 특징, 이미지, 아이디어, 특성, 개념 등을 분석할 때 관찰에 기반하지 않은 추세 판단, 사실에 근거하지 않은 가치 판단, 너무 많은 판단 요소, 상식적인 수준의 판단력, 지나친 안전주의와 기존 전략에 대한 집착 등과 같은 함정에 빠지지 않도록 주의한다.

기획은 미래에 대한 미확정성과 창의적 요소가 목적에 부합하도록 논리적으로 전개되어야 한다. 그렇기 때문에 현실을 기준으로 미래에 대하여 단순히 계획을 수립하는 수준이 되어서는 훌륭한 기획이 될 수 없다.

시장 분석 혹은 상황 파악을 하는 목적은 무엇인가? 그것은 바로 해결해야 할 문제 뒤에 숨어 있는 '기회를 포착하기 위함'이다. 기회는 어디에 있는가? 바로 시장에 있다. 그러므로 컨셉 도출에서 가장 주목해야 할 것은 바로 시장 상황, 즉 고객의 머릿속 상황이다.

소비자들의 니즈는 빠르게 변화하며, 언제 어디로 튈지 가늠하기 어렵다. 이때 시장 상황과 정확히 부합하는 컨셉이 힘을 얻는다. 컨셉의 본질은 차별화다. 무엇을 어떻게 차별화할 것인가? 바로 이 지점에서 '나'의 정체성이 선명하게 드러나야 한다. 기획은 나의 정체성에 담긴 가치를 상대방에게 얼마나 가치 있는지 그려내는 것이다. 그러나 선택과 의사결정은 내가 아니라 고객인 상대방이 하는 만큼 컨셉 설계의 기준 역시 시장, 고객, 의사결정권자가 된다.

다시 말하지만, 분석의 목적은 '기회를 포착하는 것'이다. 앞에서 설명했던 패턴 읽기, 미래 예측, 관점의 전환 등 3가지 분석 방법은 모두 새로운 기회를 포착하기 위한 것이다.

중요한 점은 상대방의 자발적 동의를 얻어내는 것이다. 절대 상대방을 이기려 들어서는 안 된다. 이길 수도 없고 이겨서도 안 된다. 목표를 달성하려면 나보다 상대방이 먼저 잘되도록 도와주어야 한다. 아래 두 질문 중에서 무엇이 더 중요한 기준이 되어야 할까?

"내가 원하는 것을 얻을 때 그가 무엇을 얻는가?"

"그가 원하는 것을 얻을 때 나는 무엇을 얻는가?"

당연히 후자의 관점에서 생각해야 한다. 그래야 진짜 신뢰를 얻을 수 있다. 상대방이 간절히 원하는 것, 그것을 발견하는 것이 바로 내가 원하는 것을 얻는 지름길이다. 사람은 자기 말에 귀 기울여 주고, 가치를 인정해 주고, 의견을 물어 주는 사람에게 보답하는 법이다. 이것은 절대 변하지 않는 인간 본성의 법칙이다.

기본적으로 상대방이 나를 신뢰하지 않는다면 협상 자체는 성립하지 않는다. 상대방이 나를 신뢰할 때 비로소 기회를 잡을 수 있다. 목표 달성을 가로막는 걸림돌은 무엇인가? 상대방은 왜 그런 행동을 하는가? 중요한 것은 상대방의 입장을 이해할 수 있어야 한다는 점이다.

논리의 기본 구조

영어로 논리는 logic 혹은 reasoning(추론)이라고 한다. 즉, 논리란 어떤 생각이나 주제를 근거로 삼아 새로운 판단이나 결론을 이끌어 내는 것이다. 인과관계로 연결되는 흐름에는 타당성과 검증 가능성이 요구된다. 세계적인 컨설팅 그룹인 맥킨지에서 제시한 논리의 가장 기본적인 구조는 다음과 같다.

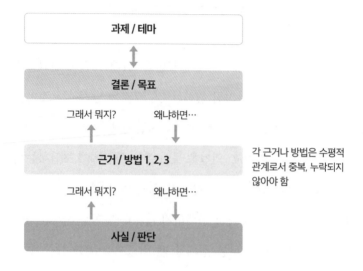

① 결론은 과제에 대한 답변

논리를 구성하는 목적은 상대방과 자신 사이에 설정된 과제에 대한 답변을 전달하고, 그에 대한 반응을 상대방으로부터 이끌어 내기 위한 것이다. 이 목적을 위해 답변의 핵심이 되는 결론은 '과제에 대한 답변의 요약'이 되는 것이다. 그러므로 논리를 구성할 때는 우선 논리 구조의 정점에 두어야 할 결론이 과제에 합치되어야 한다. 결론은 자신이 말하고 싶은 것의 요약이 아니다. 상대와 자신 사이에 설정된 과제에 대한 답변이어야 한다.

② 결론과 근거 혹은 방법의 관계

결론-근거-방법이 서로 연결되지 않으면 상대방은 "그래서 뭐지?", "왜 그렇지?"라는 의문이 든다. 의구심이 생기지 않도록 각 단계의 관계를 연결하는 논리 구조가 있어야 한다. 올바른 논리 구조는 결론을 앞세우고 위에서 아래로 흐른다면 '왜냐하면…'의 관계(연역적 논리)가 된다. 반면 근거와 방법이 나온 다음 결론이 제시되는 식으로 아래에서 위로 흐른다면 '그래서 뭐지?'의 관계(귀납적 논리)가 성립된다.

③ 근거나 방법은 수평적 관계

근거 혹은 방법은 수평적 관계로 '병렬형'이거나 '스토리형'이다.

• 병렬형

- 과제에 대한 결론을 간결하고 단순하게 제시하고 싶을 때 사용한다.
- 결론에 대하여 '왜 그렇지?'라는 질문의 답변 혹은 방법을 병렬적으로 구성한다.
- 각 요소들을 누락, 중복되지 않도록 근거를 제시하고, 결론을 설득한다.
- 각 답변들은 상대방의 입장에서 타당하고 설득력이 있어야 한다.

• 스토리형

- 객관적인 사실을 바탕으로 순서대로 제시하고, 결론의 타당성을 강조하고 싶을 때 사용한다.

- 결론에 대한 근거를 '사실 -> 판단 기준 -> 판단 내용' 순서대로 해설한다.

- 사실 -> 판단 기준 -> 판단 내용의 흐름은 일관성이 있어야 한다.

- 사실은 객관적이고 정확해야 한다.

- 판단 기준은 합리적이고 타당해야 한다.

귀납적이든 연역적이든 모든 논리는 주어진 과제에서 출발해야 한다. 과제와 초점이 맞지 않는 것은 어떤 논리 구조든 방향을 상실한 것이기 때문이다. 주어진 개개의 사실들을 성격별로 연결하여 묶으면서 상하 관계, 즉 귀납적-연역적 관점을 동시에 체크한다. 이 2개의 관점이 서로 충족되지 않으면 모순이 생긴다. 연역과 귀납을 별개로 구분해서는 안 된다. 이 둘은 논리의 비약이나 모순을 방지하는 보완 관계이자 검증 역할을 한다.

생각을 볼 수 있게 하라

논리는 서양철학의 산물이다. 그리고 서양철학은 '이성', '합리성', '논리성'을 가장 중요하게 생각한다. 그런 점에서 우리는 서양 철학의 종결자라는 칸트의 관점을 통해 논리의 구조화가 어떻게 만들어지는지 생각해 볼 필요가 있다.

칸트는 우리가 경험하는 것과 실재가 어떤 연관성을 통해 '지식'이라는 결과물이 될 수 있는가를 이렇게 설명한다.

지식이란 객관적 타당성과 실재와의 적합성이 있어야 한다. 우리의 지식은 이성의 형식과 경험을 통한 질료(Sense Data)가 합쳐져서 이루어진다. 즉, 앎(지성 혹은 이성)이란 다음과 같은 2가지 형식이 결합되는 것이다.

• 순수 감성의 형식

- 시간, 공간적 틀 안에서 직관적으로 받아들이는 감각(Sense Data 시각, 청각, 촉각 등 감각 기관을 통해 유입되는 정보)

- 질서가 잡혀 있지 않음

• 순수 지성의 형식

- 개념을 적용해서 질서를 부여하는 틀

- 명제에 대하여 옳고 그름 등에 대한 판단을 하고 문장으로 체계화

칸트의 인식론을 아주 쉽게 이해하자면 이렇게 비유할 수 있다.

밀가루 반죽을 어떤 형태로 만들려면 어떤 틀이 필요하다. 그 틀이 붕어빵 모양이면 붕어빵이 나오고, 하트 모양 틀이라면 하트가 나오는 것이다. 그러나 원료인 밀가루 반죽 그 자체를 지식이라고 할 수는 없다. 어떤 일정한 형식이나 모양이 없기 때문이다. 틀에서 구워져야만 형상화되고 누구나 먹을 수(보편성, 객관성) 있는 음식(지식)이 된다.

중요한 것은 내가 어떤 틀을 가지고 있느냐다. 그 틀에 따라 지식의 형식은 달라질 수밖에 없다. 틀은 사람마다 각기 다를 수 있으므로 지식은 기본적으로 주관적이다. 그러나 객관적이고 보편적으로 인정받을 수 있어야 한다. 이것이 바로 논리의 형성 과정이다. 여기서 강조하고자 하는 것은 틀, 즉 어떤 형식이 있어야 한다는 점이다. 그 틀이 바로 구조다.

정리하면, 논리의 구조화란 각종 정보와 데이터들을 어떤 논리의 틀에 넣어 누구나 이해할 수 있도록 형상화하는 것이다. 즉, 보이지 않는 여러 생각을 마치 눈으로 보듯이 형상화하는 것이 논리의 구조화다.

합리적인 논리를 만들기 위해서는 '사실'과 '의견'을 적절하게 구분할 수 있어야 한다. 사실과 의견을 구분해 진술할수록 주장의 근거가 더 정확하게 드러난다. 올바른 자료 수집이 중요한 이유가 여기에 있다. 근거 자료가 충분해야 반대 논리에 대해서도 대응할 수 있다.

그렇다면 어떤 자료들을 모아야 하며, 어떻게 통합하는 것일까? 인문학 학습 이론으로 통섭通涉이라는 용어가 있다. 통섭은 지식의 이종 결합이며 융합이며 접붙임이다. 서로 다른 것을 묶어 새로운 큰 줄기를 잡는 것을 의미한다. 새로운 것을 창조하려면 지금 몸담고 있는 영역 밖으로 나가야 한다.

경계를 넘어야 경계 밖의 세계를 볼 수 있다. 즉 '감각의 융합'을 의미한다. 논리적 통합 이전에 감각의 융합이 선행되어야 한다. 가슴으로 통하지 않으면 머리로도 통합되지 않는다.

> "음악가라면 라파엘로의 그림을 연구해야 하며,
> 화가라면 모차르트의 교향곡을 공부해야 한다.
> 화가는 시를 그림으로 바꾸고, 음악가는 그림에 음악성을
> 부여한다."
> -작곡가 로베르트 슈만

포커스 로직 3단계: Choice
최선의 방안 선택

분석을 끝낸 후 이제 해법을 선택해야 한다. 말 그대로 최선의 방안을 도출하기 위해 더 치열하게 파고들어가 주저하지 말고 질문을 던져야 한다.

- 정말 그러한가?

- 새로운 관점은 없을까?

- 만일 다른 양념을 섞으면 맛(결론)은 어떻게 바뀔까?

- 올바른 방향으로 파고 있는가?

- 더 나은 방법은 없을까?

- 왜…?

- 그런데…?

- 만약…?

이런 질문들은 치열함과 절실함, 그리고 모든 것을 뒤집어엎을 수 있는 용기가 있어야 가능하다. 최선의 방안은 많은 정보와 데이터를 분석한다고 저절로 도출되는 것이 아니다. 최선의 선택에 필요한 3가지 기준을 제시한다.

선택 기준 1. 본질적 가치/목표

어떤 해법이 필요하다는 것은 주어진 상황과 목표 사이에 장애물, 즉 해결해야 할 과제가 존재한다는 의미다. 기획은 주어진 상황과 목표 사이의 장애물을 제거하는 '해결 방안'을 만드는 일이다. 그래서 기획이란 목표-해결 과제-해결 방안을 정확하게 정의함으로써 완성된다.

하나의 기획서는 선택과 집중을 할 수 있는 하나의 답을 도출한다. 선택은 포기를 의미한다. 1% 핵심만 추려라. 목적이 뚜렷해야 초점을 맞출 수 있다. 버려야 할 것들을 과감히 포기할 줄 아는 것도 능력이다. 선택의 기준은 핵심, 본질적 가치다. 가장 중요한 가치, 복잡한 상황에서 나침반 역할을 하는 것이 '핵심'이자 '본질'이다.

본질적 가치와 목표를 선택하기 위해서는 주어진 상황과 목표 사이에 가로막고 있는 가장 결정적이고 핵심적인 진짜 문제를 찾아야 한다. 해결 과제를 정확하게 정의하기 위해서는 다음의 3가지를 구분해야 한다.

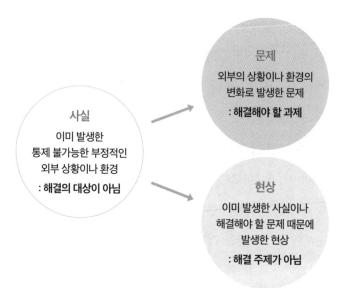

이렇게 구분한 요소 중에서 해결해야 할 과제인 '문제'를 정확하게 인식함으로써 본질적인 목표를 설정하고 에너지를 집중할 수 있게 된다.

쉬운 예를 들어 보자. 작은 카페가 있다. 그런대로 장사를 잘 하고 있었다. 그런데 가까운 근처에 크고 멋진 프랜차이즈 카페가 새로 생겼다. (사실) 그 이후부터 작은 카페는 손님들의 발길이 뚝 떨어져 폐업을 고민하게 되었다. (현상) 여기서 문제 인식의 오류가 발생한다. 대형 카페가 오픈한 것이 문제라면 해결 방법은 대형 카페를 인수하든지, 내가 폐업을 하든지 선택하는 수밖에 없다. 이것은 올바른 해법이 아니다. 대형 카페가 생긴 것은 해결할 수 없는 외부 상황, 즉 '사실'일 뿐이다. 그 카페를 어떻게 하든 문닫게 한다 할지라도 또 다른 카페가 얼마든지 계속 생길 수 있다. 해결 방안을 찾으려면 먼저 '문제'를 찾아야 한다. '문제'는 내가 해결할 수 있는 이슈이며 여기에 답이 숨어 있다.

작은 카페는 대형 프랜차이즈가 제공할 수 없는 차별화된 매력이나 가치가 있어야 한다. 그것을 제공하지 못하고 있는 것이 바로 '해결해야 할 문제'인 것이다. 작은 카페 특유의 아늑함, 커피 맛의 차별화, 손님 맞춤형 디저트, 인간적인 친절함, 과감한 리필 서비스 등 대형 프랜차이즈가 하기 어려운 '작은 카페'만의 장점을 살려야 한다. 이런 해결 방안을 바탕으로 다른 곳이 따라 하기 힘든 작은 카페만의 차별화된 컨셉을 만드는 것이 본질적인 목표가 되는 것이다.

본질적인 가치나 목표에 대한 통찰에서 중요한 점은 '무엇이 진짜 문제인지'를 정확하게 파악하는 것이다.

하나의 해법을 검증하는 데 세 가지 질문으로 검증한다.

- 목표에 부합하는가?
- 실천 가능한 행동 방안이 있는가?
- 목표와 행동 방안을 연결하는 논리에 설득력이 있는가?

선택 기준 2. Win-Win

일반적으로 사람들은 다음과 같은 3가지 생각 중 하나를 선택한다.

- 패-패: 나도 지고 상대방도 지는 적대적 갈등 상황
- 승-패: 나는 이기고 상대방은 지는 이기적 사고
- 승-승: 나도 이기고 상대방도 이기는 제3의 대안 추구적 사고

이 중에서 더 나은 제3의 대안을 찾는다는 것은 이분법적인 '이 것 아니면 저것'이라는 사고방식에서 중대한 패러다임의 전환을 의 미한다.

비즈니스의 진정한 승리는 시너지를 만드는 것이다. 성공하는 기 획서는 '나도 이기고 상대도 이기는' 사고방식에서 나온다. '승-승'

이 아니고는 지속적으로 이익을 얻을 수 없다. 상대와 내가 함께 이익을 얻는 것이 진정한 성공의 황금률이라는 것은 만고 불변의 법칙이다.

비즈니스 현장을 흔히 전쟁터에 비유하곤 하지만, 그렇지 않다. 전쟁 상황에서는 상대가 죽어야 내가 살 수 있다.(승-패 하지만 결국은 패-패) 무엇이 인간의 마음을 움직이는지 깊숙한 내면의 가치를 이해하지 못한다면 비즈니스에서 '승'을 얻는 방법을 찾을 수 없다.

'승-승' 기획은 타인에 대해 관대함, 공감, 사려 깊은 분별력이 있어야 한다. '승-승'적 관점은 이익을 공유하는 것이 더 큰 것을 얻을 수 있다는 패러다임의 전환이다. 진짜 승리는 다른 사람을 이기는 것을 의미하지 않는다. 이것은 모든 사람에게 유익한 결과를 가져다주는 효과적인 상호작용을 의미한다.

기획의 본질은 결국 더 나은 시너지를 창조하기 위한 작업이다. 시너지는 단순한 거래를 넘어 하나의 변화이며 혁명을 가져온다. 시너지는 '나도 이기고 상대도 이기는' 사고방식에서 나온다.

시너지는 서로의 차이점을 인정하되 서로의 강점을 활용하며 약점을 상호 보완함으로써 기존보다 더 나은 것을 만들어 내는 것이다.

기획의 목적을 시너지를 창조하는 것에 두지 않는 것은 큰 비극이자 동시에 낭비이다. 왜냐하면 시너지를 통한 엄청난 긍정적 효과를 완전히 상실하는 것이기 때문이다.

- 이 프로젝트의 기획을 왜 하는가?
- 나의 논리는 일방의 이익뿐인가 아니면 양쪽 모두를 위한 시너지를 만드는가?
- 의견이 일치하지 않을 때 모두가 옳을 수 있는 방법은 없을까?

문제에서 한 발 떨어져 객관적인 관점에서 생각하라. 관련 문제의 핵심적인 쟁점을 파악하라. 어떤 결과가 모두에게 수용 가능한 해결방안이 되는가를 결정하라.

이 같은 결과를 얻도록 해주는 새로운 대안들을 찾아보라.

서로 다른 가치를 교환하라. 사람들은 각자 가치 기준이 다르다. 따라서 쌍방이 원하는 것을 확인하여 상대방이 중요하다고 생각하는 것을 서로 교환한다.

선택 기준 3. 다르게 생각하기

상식적인 생각으로 마땅한 생각이 떠오르지 않으면, 비상식적인 관점으로 다르게 구상해 봐야 한다. 'Life'라는 말에는 'if'가 들어있다. 인간의 삶 속에는 다양한 가능성의 영역이 존재한다는 의미다.

비즈니스도 마찬가지다. 생각의 각도만 바꾸면 얼마든지 다른 가능성이 열린다. 상상력이 지식보다 훨씬 더 중요하다는 아인슈타인의 말을 기억하자. 고정관념의 함정에 빠지지 마라. 최고'보다 '최초'가 더 낫다. 남이 했던 말을 인용하는 데 그치기보다 남이 하지 않았던 생각을 하라. 남이 갔던 길은 기껏해야 본전일 뿐이다.

다르게 생각하기 위해서는 사람의 마음부터 이해해야 하지만 사람의 마음은 변덕스러움 그 자체다. 코카콜라는 달콤한 맛을 내세운 펩시를 제압하기 위해 엄청난 돈을 투자해 블라인드 테스트를 했다. 이를 통해 철저하게 고객 반응 조사를 했고, 새롭게 '뉴코크'를 출시했다. 그러나 소비자들의 집단 반발에 부딪혀 3개월 만에 시장에서 사라졌다.

분석을 한답시고 사람들을 비슷한 유형으로 묶어서 단순화하면 안 된다. 사람을 분석하려는 시도는 매우 어리석은 짓이다. 사람은 분석 대상이 아니라 이해의 대상이다. 이해 말고는 그 사람을 알 수 있는 방법이 없다. 사람을 이해하는 데 가장 좋은 방법은 상대방의 마음으로 생각해 보는 것이다. '상대방 입장에서 생각하기'는 생각의 각도를 바꾸는 데 확실한 효과가 있다. 내가 아닌 다른 사람의 각도에서 생각하는 것은 이전에는 보지 못했던 새로운 가능성을 발견하는 기회를 준다.

기획은 논리보다 심리가 중요하고, 머리보다 가슴을 이해해야 하는 일이다. 논리적인 프로세스보다 상대방의 마음을 이해하고 상상하는 것이 훨씬 더 올바른 해법을 찾아내는 데 도움이 된다. 사람의 마음을 상상하지 못하고 그들이 세상을 어떻게 보는지 알지 못한다면 기획자는 눈이 있으되 보지 못하는 시각 장애 상태가 될 수밖에 없다.

'말도 안 되는 생각', '뭔가 다른 생각'을 품는 것에 시비를 거는 태클에 굴복하지 말아야 한다. 비상식은 상식보다 힘이 세다. 통찰력을 가로막는 끔찍한 상식의 걸림돌을 걷어차라.

언제나 그렇듯이 다르게 생각하기의 가장 강력한 무기는 '질문'이다. 자연스러운 답은 일단 의심하라. 문제를 푸는 최선의 방법은 답이 아니라 훌륭한 질문을 찾아내는 것이다. 새로운 질문은 우리의 관점을 완전히 바꿔 놓는다. 본질과 주제에 집중할 수 있는 질문을 하라.

"Think different!"

최선의 방안을 선택하기 위한 창조적 사고는 어떻게 하면 좋을까? '미래의 시점에서 생각하기'다. 기획은 분석적 사고와 창조적 사고 둘 다 필요하다. 그리고 그 사고의 정수는 미래의 시점에서 생각하기다.

"이로 인해 상황이 어떻게 변할까?", "이것은 무슨 조짐일까?"를 현재 시점에서 미래를 생각하는 것이 아니라, 미래의 시점에서 현재를 생각하는 것이다.

'현재에서 미래로'의 관점은 현재의 사건이나 추세로부터 그 결과들을 인과관계에 근거하여 생각하는 것이다. 이 방법은 귀납적 논리 전개 방식이다.

'미래에서 현재로'의 관점은 먼저 미래를 상상하고 그 지점으로부터 현재 방향으로 역전개하는 것이다. 이 방법은 연역적 논리 전개 방식이다. 기획은 무조건 연역적 방식이 더 강력하다.

'if…?'는 미래를 생각하게 만드는 가장 강력한 질문 도구다. 가설을 설정하고, 창조성을 자극하여 새로운 관점과 아이디어를 끄집어내라.

현재의 추세를 미래로 가져가 미래의 상태를 추정하고 역으로 시나리오를 설계하는 것, 이것이 바로 '미래의 시점에서 생각하기'다.

기존의 사고로는 새로운 문제를 푸는 것은 불가능하다. 보다 높은 차원, 관행의 밖에서 안을 바라보라. 기존의 패턴을 근본적으로 변화시켜라.

포커스 로직 4단계: Unique
패러다임의 차별화

차별화는 무작정 튀거나 엽기적이거나 이질적인 것과는 다르다. 진정한 차별화란 본질적이고 근본적인 특성을 부각하는 것이다. 그것이 세상에 줄 수 있는 적어도 독창적이고 특이한 가치가 있어야 한다. 단지 사람의 눈길을 끄는 것만으로 차별화라고 말할 수는 없다.

차별화하려면 지식의 저주에서 벗어나야 한다. 기존의 지식과 전문성은 새로운 길을 과소평가하기 쉽다. 가끔은 오랜 경험과 노하우라는 단단한 껍질을 깨부수고 반대 방향으로 기수를 돌릴 용기가 필요하다. 내 기획이 다른 사람과 어떤 관점에서 다른지 스스로 물어보고, 이에 답하지 못한다면 그 기획은 성공하기 어렵다.

'전형적인 것을 살짝 비틀기'

기존의 검증된 공식을 이용하되, 그것을 나만의 방식으로 바꾸는 것이 진짜 프로들의 요령이다. 어떻게 하면 기존의 규칙, 관행, 구조, 룰을 깰 수 있을까?

고전주의 미술이 현대 미술로 넘어오면서 달라진 점은 "극도의 단순화"다. 가장 큰 특징은 더 이상 대상을 사실적으로 재현하는 임무를 맡지 않게 되었다는 것이다. 대상을 얼마나 사실적으로 그리느냐의 문제에서 벗어나 조형미나 개념을 탐구하는 방향으로 나아가게 된다. 얼마나 정확하고 사실적으로 묘사하는지는 더 이상 관심사가 아닌 것이 현대미술의 특징이다. 모든 것을 '사실 그대로'에서 '본질적 특성만 강조한다. 이것이 차별화의 정확한 정의다.

차별화 방법 1. 질문을 바꿔라

근본적으로 차별화를 하려면 질문이 바뀌어야 한다. 질문이 바뀌지 않으면 생각도 바뀌지 않고, '다름'을 만들어 낼 수 없다. 질문에는 그 자체로 강력한 힘이 있다. 좋은 질문은 사람들을 생각하게 하고, 전에는 발견하지 못했던 새로운 답을 드러나게 한다. 창조적이고 혁신적인 사람이 되고 싶다면 남다른 질문을 해야 한다. 새로운 발견은 질문을 다르게 함으로써 얻어진다. 질문을 어떻게 바꿀 수 있을까?

"말콤 글래드웰처럼 쓰려면…" (X)

"말콤 글레드웰의 공식을 나만의 공식으로 바꾸려면…" (O)

미국의 오토바이 제조사인 할리 데이비슨은 회사가 망해 가던 시절에 이런 질문을 했다.

"대량 생산 제품을 개인 맞춤형 제품으로 만들 수 있지 않을까?"

이 질문을 통해 할리 데이비슨은 세계적인 명품 브랜드로 완전히 거듭나게 되었다. 미국의 노동자들을 위해 만든 값싸고 효율적인 교통수단인 오토바이가 고가의 명품 아이템으로 진화하게 된 것이다. "2배, 아니 3배로 가격을 올리고 명품으로 만들면 어떻게 될까?"를 가장 먼저 질문한 사람은 누구였을까?

당연한 정답에 의문을 제기하라. 조직에 누구보다 잘 아는 전문가들이 가득할 때가 가장 위험할 때다. 사실은 확실성이라는 부작용을 낳고, 확실성은 위험한 단정을 부른다. 명백하다고 누구나 생각하는 사실에 의문을 제기하고, 도전적인 질문을 하지 못하면 결국 조직과 개인은 몰락의 길을 피할 수 없다. 뻔한 정답은 무조건 버려라. 과거에 성공을 거두었던 사람들은 그걸 가이드로 삼아 현재와 미래를 결정한다. 그들은 다른 방향으로 뱃머리를 돌리는 일은 결코 하지 않으려 한다. 근원적 차별화는 근원적 질문을 통해 만들어진다.

구체적으로 어떤 질문이 근원적 질문일까?

- 우리의 고객(상대방)은 누구인가?

- 우리는 무엇을 제공하고 있는가?

- 우리가 제공하는 제품/서비스는 고객(상대방)에게 어떤 문제를 해결해

  주는가?

- 우리가 준비한 '무엇'이 고객(상대방)에게 가치가 있는가?

아래 차별화를 위한 질문을 던지고 답을 해 보자.

• 사람들은 무엇을 가치 있게 여기고 소중하게 생각하는가?

• 고객(상대방)이 가장 중요하게 판단하는 기준은 무엇인가?

• 우리는 고객(상대방)에게 어떤 예상치 못한 이익을 줄 수 있는가?

• 개인별 맞춤형 상품을 어떻게 하면 표준화해 제공할 수 있을까?

• 고객(상대방)의 불편을 해소해 주고 만족을 주는 방법은 무엇일까?

• 우리의 어떤 점이 예상치 못한 열광을 불러일으킬 수 있을까?

• 우리 상품(서비스, 제안)을 사용하면서 얻게 되는 이로운 점은 무엇인가?

• 기존에 널리 사용되던 표준형 제품을 어떻게 하면 주문 맞춤형으로 전환

  할 수 있을까?

• 기존에 출시된 제품(서비스, 제안)들에서 의외의 불편한 점은 무엇인가?

• 제휴사, 공급자, 유통 등과의 관계를 어떻게 조정하면 최고의 시너지가

  만들어질까?

- 경쟁우위를 점하기 위해 제거하거나 결합시켜 볼 수 있는 것은 무엇이 있을까?

- 상대방에게 차별화된 가치를 주는 데 왜 실패했는가? 성공한 경우라면 어떻게 성공했는가?

- 우리가 적용해 볼 수 있는 타 업계의 사례는 어떤 게 있는가?

나의 제안이 상대방에게 필요로 하고 원하는 바를 충분히 주고 있는가? 나의 제안이 상대방의 니즈를 충족시키기에 이상적인 선택지인가? 여기에 제대로 답하지 못한다면 차별화에 실패한 것이다. 그런데 창조적 질문과 제안을 가로막는 것은 대부분 내부에 원인이 있다. 창조적 질문을 방해하는 내부 바이러스는 이런 것이다.

- 전에도 해 봤던 일이다. / 그건 아직 아무도 해 보지 않았던 방법이다.
- 우리의 관행에 맞지 않는 일이다.
- 우리는 그런 일을 할 여유가 없다.
- 상대방이 승인을 해 줄 리가 없다.
- 쓸데없이 괜히 평지풍파를 일으키지 않는 게 좋다.
- 우리는 이 규칙들을 따라야 한다.

이런 바이러스는 자칭 전문가의 자존심 혹은 위험을 피하려는 무사안일주의, 관행에 길들여진 태도 때문이다.

차별화 방법 2. 컨셉 워딩을 은유로 표현하라

좋은 기획서는 한 문장 혹은 한 단어로 담아 낼 수 있어야 한다. 단순하고 명확하며 구체적이어야 한다. 최고의 컨셉 워드화는 은유를 활용하는 것이다. 시는 은유에서 시작해서 은유에서 끝난다. 왜 그럴까?

은유는 가장 창조적이며 마음을 움직이는 가장 강력한 언어 사용법이다. 낯선 것들의 틈을 연결하여 전혀 이질적인 것에서 동질성을 발견하게 한다. 창조적 사고의 원천이며 새로운 세계를 여는 문이다. 상식의 모순을 해결함으로써 인간의 사고 영토를 확장하는 능력이 있다.

> "인간 가운데 가장 탁월한 인간은 은유하는 인간이다."
> -아리스토텔레스

은유 능력이 없는 사람은 남의 영토에서 사는 사람이며, 아는 것에만 익숙한 지식 소비자다.

그러나 은유 능력이 있는 사람은 나의 영토에서 지식 생산자로서 지적 도전을 시도하는 사람이다.

은유를 통해 서로 다른 개념을 연결하는 사람이 가장 창조적인 사람이다. 카피라이팅은 은유만이 살아남는다는 것을 증명하고 있다. 은유를 통해 서로 다른 개념을 연결하는 사람이 가장 창조적인 사람이다.

컨셉은 '공감'이다. 공감은 은유를 통해 형성된다. 가슴에 한 번 꽂힌 은유를 통한 공감은 수십 년이 지나도 기억에서 사라지지 않는다. "침대는 과학이다." 이 한 문장은 에이스 침대를 수십 년 동안 절대 흔들리지 않는 시장 지배자로 우뚝 세웠다. "책은 사람이다." 이 문장은 필자의 전작 『포커스리딩』을 14주 연속 베스트셀러 1위에 올려놓았다.

나의 기획 컨셉을 한 문장으로 어떻게 표현할 것인가? 수십 페이지 기획서의 모든 내용보다 그 한마디가 훨씬 더 중요하다. 여기서 여러 형태로 은유가 사용된다.

[A는 B다]

• 상처는 스승이다

• 사랑은 동사다

• 초유는 엄마다

[A는 B가 아니다]

- 행복은 성적순이 아니잖아요

- 꿈꾸는 자의 절망은 절망이 아니다

- 영어공부 절대로 하지 마라

[의미 충돌]

- 소리 없는 아우성

- 성공은 99%의 실패

- 찬란한 슬픔의 봄

- 공공연한 비밀

- 사랑보다 달콤한 이별

[의미 반전]

- 살려고 하는 자는 죽을 것이고, 죽으려고 하는 자는 살 것이다.

- 문제는 문제가 아니다. 문제가 답이다.

- 보존하려면 개혁해야 한다.

    핵심 한마디로 상대방의 가슴에 공감 폭탄을 터뜨리는 것은 쉽지 않은 일이다. 그것은 하늘의 별처럼 빛나게 해줄 기획의 종결 포인트이자 정수다.

    어떤 워딩이 결정적인 한방이 될 수 있을까? 컨셉 워딩의 3가지 원칙을 제시한다.

첫째, 흡입력이 있어야 한다.

단번에 한마디로 상대방이 원하는 가치, 꿈, 환상을 강하게 유혹해야 한다. 강력하고 일관된 메시지는 이렇게 만든다.

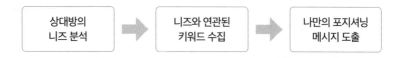

포지셔닝 원칙에 의거하여 나만의 차별화 요인을 찾고, 경쟁력 있는 개념을 정의한다. 선점 가능한 단어들 중에서 고객의 마음에 각인될 한마디를 고른다.

워딩의 핵심은 메시지다. 상대방의 두뇌 깊숙이 각인될 최초의 단어를 찾아라. 워딩은 명료하면서도 상징적이고 영감을 줄 수 있어야 한다. 완벽함이란 더 이상 뺄 수 없는 단순함을 의미한다.

아포리즘은 깊은 진리를 짧고 간결하게 압축한 글이다. 워딩 훈련을 하기 위해서 짧은 시, 아포리즘을 베껴쓰기 해 보라. 단숨에 문장력이 높아질 것이다.

둘째, 전파력이 있어야 한다.

대중을 정확히 겨냥하는 메시지를 사용해야지, 전파되지 않는 메시지는 공허한 울림에 불과하다. 스스로 질문해 보라.

- 경쟁자에 비해 차별적 우위가 명확히 표현되는가?
- 사람들이 공감할 만한 진정성이 있는가?
- 대중적이면서 나만의 본질적 특성을 잘 드러내는가?
- SNS에서 이슈가 될 만한가?

셋째, 설득력이 있어야 한다.

무조건 상대의 눈높이, 마음 높이에 맞춰야 한다. 상대의 마음을 움직이는 워딩 소재를 찾아라. 설득 실패는 주파수를 맞추지 못했기 때문이다. 내가 알면 상대도 알 거라는 착각에 빠지지 마라. 이성보다 감성으로 다가가고 상대의 언어를 사용해라.

"물고기를 잡으려면 물고기처럼 생각해야 한다."
 - 영화〈흐르는 강물처럼〉 중에서

포커스 로직 5단계: Scenario
실행 프로세스

이제 전략을 실체화하는 단계다. 실행은 목적과 목표를 바탕으로 실행 방법을 세워 끈질기게 실천하는 과정에서 각 요소별 책임 관계를 체계화한 프로세스다. 이 과정에서 환경을 분석하고, 전략을 수행할 사람들을 선정하며, 팀과 담당자들의 실행 원칙을 조정하고, 성과에 대해 보상하는 등의 내용을 구체화해야 한다.

실행의 핵심은 사람, 전략, 운영 등 3가지 요소다. 이들 셋은 따로 떨어진 게 아니라 서로 밀접하게 연결되어 있다. 전략을 이행하려면 인력과 운영자원이 필요하다.

인력을 선발할 때 전략 계획과 운영 계획에 가장 적합한 사람을 선택해야 하며, 운영 계획을 수립할 때는 전략적 목표와 담당자들의 역량을 감안해야 한다. 특히 인력 프로세스는 다른 프로세스의 성패를 좌우하는 핵심이다. 전략이 현실성을 가지려면 가장 먼저 인력 프로세스와 연계시켜야 한다. 모든 전략의 내용과 세부 사항은 실제로 전략을 수행할 인력의 머리에서 나오기 때문이다. 어떤 프로젝트든 적합한 사람을 적합한 시기, 적합한 역할에 투입할 때 높은 성과를 낼 수 있다.

프로세스 담당자들은 다음과 같이 다양한 문제 제기를 함으로써 현실을 직시하고, 구체적이면서 실질적인 결론에 도달해야 한다.

- 누가 이 일을 하며, 실적 평가와 책임 소재를 어떻게 판단할 것인가?
- 전략을 실행하는 데 필요한 사람, 기술, 재정자원은 무엇인가?
- 이 전략으로 성공 기준에 부합하는 수익을 창출할 수 있는가?

시나리오 플래닝은 목적, 목표 중심의 실행 프로세스를 정리하는 것을 뜻하기도 하지만, 다른 의미로는 컨셉을 실행에 옮기는 구체적인 방법을 말한다. 이 과정을 도식화하면 다음과 같다.

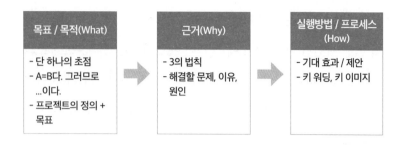

목표 / 목적(What)	근거(Why)	실행방법 / 프로세스 (How)
- 단 하나의 초점 - A=B다. 그러므로 ...이다. - 프로젝트의 정의 + 목표	- 3의 법칙 - 해결할 문제, 이유, 원인	- 기대 효과 / 제안 - 키 워딩, 키 이미지

　프로세스를 정리할 때 중요한 원칙 하나는 90%의 쓰레기를 걸러 내는 것이다. 복잡한 프로세스는 실행을 어렵게 혹은 실패하게 만든다. 적은 리스크로 최상의 결과 만들기 위해서는 최대한 단순화해야 한다. 그래야 누구나 동일하게 이해하고 기억해서 하나의 목표로 에너지를 집중할 수 있다.

　일단 핵심 원칙은 한 페이지로 충분하다. 5~7분 안에 간략하고 쉽게 설명할 수 있어야 한다. 그렇지 못하다면 전략을 더 단순화시켜야 한다. 전략이 복잡해서 한 페이지로 요약하기 힘들다면 그것은 이미 잘못된 전략이다. 대부분 전략 자체가 복잡하기보다 전략을 단순화하지 못하고 있다. 그러나 정말로 5~7분 설명하기 힘들 정도로 전략이 복잡하다면 그것은 불필요한 곁가지가 너무 많다는 방증이다.

　전략 계획은 실행 방안을 설계하는 과정에서 현재 위치를 바탕으로 비즈니스가 나아갈 방향, 실행 방법 등을 구체적으로 제시한다. 거기에 더해 전략 수행에 따라 얻을 것과 잃을 것을 따져 리스크를 분석하고, 실패에 대비한 차선의 대안도 고려해야 한다. 실행 시나리오를 설계할 때 단순화를 위해 구분해야 할 것이 있다.

- 내가 할 수 있는 것과 할 수 없는 것이 뭐지?
- 내가 가진 것과 나에게 없는 것은 뭐지?
- 해야 할 일과 하지 말아야 할 일은?
- 감당할 수 있는(최소화할 수 있는) 위험과 감당할 수 없는 위험은?

나를 정확히 파악하려고 노력하며 비전과 나의 능력의 격차를 좁히는 데 집중해야 한다. 우선순위를 결정하여 목표 달성에 결정적 요인과 포기해야 할 것들을 정한다. 먼저 할 일과 나중에 할 일을 구분하고, 누가(담당자), 언제(시한), 무엇을 할 것인지 정한다.

실행 시나리오를 설계할 때 가장 중요한 것은 '목적과 목표'다. 먼저, 목적과 목표에 대한 질문을 다시 생각한다.

- 시나리오 설계를 왜 하는 것인가?
- 시나리오 설계의 목표는 무엇인가?
- 누구를 만족시켜야 하는가?

- 우리의 강점에 기반하고 있는가?
- 기존과 다른 관점은 무엇인가?

항상 질문하는 습관이 필요하다. 언제나 질문이 대답보다 중요하다. 이때 질문은 구체적이어야 한다. 모호한 질문은 모호한 대답을, 구체적인 질문은 구체적인 답을 얻게 한다.

시나리오의 목표는 성공할 가능성이 있는 여러 대안의 전략과 해법을 창출하고 평가한 뒤 그중에서 적절한 전략과 해법을 찾는 것이다.

실행 계획은 핵심 이슈를 추려 내고 최우선 목표를 정의하는 데서 시작한다. 바람직한 실행 전략은 다음과 같은 의문에서 출발한다.

- 사업팀이 직면한 핵심 이슈는 무엇인가?
- 전략을 실행할 역량이 있는가?
- 시장 환경, 고객을 얼마나 이해하고 있는가?
- 수익성을 극대화할 방법은 무엇이며, 무엇이 성장을 가로막는가?
- 경쟁자를 따돌릴 방안은 무엇인가?
- 전략 실행에서 가장 중요한 원칙은 무엇인가?
- 단기 계획은 장기 계획과 연결되고 도약의 디딤돌이 되는가?
- 지속적인 수익 창출 전략은 무엇인가?

그리고 계획을 수립한 후에는 다음과 같은 질문을 통해 검증한다.

- 이 계획의 근거가 되는 가설은 적절한가?
- 대안은 무엇이며 각각의 장단점은 무엇인가?
- 전략을 성공시킬 내부의 조직 역량은 충분한가?
- 장기 성장을 위한 단기-중기 전략은 무엇인가?
- 빠르게 변화하는 환경에서 이 전략은 적절한가?

목표를 설정할 때 불분명한 목적, 모호한 질문, 부적절한 시간 스케줄, 팀의 좁은 관점으로 인한 근시안적이고 낮은 수준의 목표는 기획을 실패의 길로 유도한다. 프로젝트 팀 모두가 공감할 수 있는 최대한 크고 대담한 목표를 설정하라. 심장이 뛰는 목표는 다른 차원의 시나리오를 만드는 원동력이 된다. 실행 시나리오는 비전을 구체화할 수 있는 설계도를 그리는 것이다.

시나리오는 현재의 추세를 바탕으로 미래 모습을 그려 보는 것으로 모두의 가슴을 뛰게 하는 바람직한 미래를 상상하는 것이다. 전략적 비전은 시나리오 플래닝의 결과로 실현될 가능성을 높이는 미래에 대한 생생한 묘사다.

'만약 ~일이 일어난다면?'이라는 질문에 대한 생각을 정리한 것이 시나리오다. 당연히 미래를 멀리 거시적으로 내다볼수록 그 미래가 실현될 가능성이 높아진다. 1~2개월의 미래는 실현 가능성이 매우 제한적이지만, 3~5년 혹은 10년 이상의 미래를 내다본다면 실현 가능한 일이 많아진다.

시나리오 설계를 통해 만들 수 있는 미래는 3가지다.

- 원하는 미래 : 바람직한 미래
- 실제의 미래 : 실현될 가능성이 높은 미래
- 가능한 미래 : 실현 가능성이 있는 미래

시나리오 플래닝은 불확실한 상황에서 '원하는 미래 계획'을 세우는 데 효과적인 전략적 기획이다. 예기치 못한 상황에 대비하고,

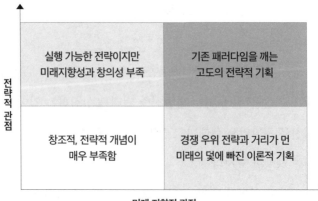

올바른 방향으로 가고 있는지를 살피고, 목표에 집중해야 한다. 시나리오는 '전략적 사고 + 미래지향적 사고', 이 2가지 모두 필요하다. 아래 기준에 따라 자신의 시나리오를 판단해 볼 수 있다.

좋은 시나리오는 다음 4가지 기준을 모두 충족해야 한다.

- 의사결정력: 프로젝트의 목표에 적합한 의사결정을 할 수 있어야 한다.
- 실현 가능성: 실현될 수 있는 미래의 사건 또는 상황이어야 한다.
- 정합성: 시나리오의 각 요소들이 서로 논리적 모순이 없어야 한다.
- 차별성: 기존의 관행적 패러다임에서 벗어나 새로운 기회를 창출해야 한다.

조건 1. 관점, 눈높이, 언어 모두 상대방 기준에 맞춰라

- 나의 관점에서만 작성된 기획서는 아무 쓸모 없는 쓰레기나 다름없다.
- 투자 유치 목적의 IR 기획서라면 투자자의 관점으로, 경영 전략 기획서라면 의사결정권자인 경영자의 관점으로, 마케팅 기획서라면 고객의 관점에서 작성해야 한다.
- 사내용인지 외부용인지, 상대방이 전문가인지 일반인인지에 따라 그 눈높이를 맞춰라.

조건 2. 첫째도 둘째도 셋째도 차별화!

- 차별화의 진정한 의미는 '우리만이 가능한 바로 그것'이다.
- 기획의 핵심은 차별화이며, 차별화를 논리화하는 것이 기획이다.
- 경쟁에서 이기는 차별화는 '더 강한 힘'이 아니라 '다른 색깔'이다.
- 다른 색깔은 나의 관점이 아니라 이 기획을 통해 의사결정을 내릴 상대방의 관점에서 인정받는 것이다.

조건 3. 기획의 질은 워딩 디자인에 달렸다

- 훌륭한 궁수는 단 한 발로 목표물을 명중시킨다. 한 문장, 한 단어로 컨셉을 담아라.
- 컨셉이 칼자루라면 워딩은 칼날이다. 예리한 컨셉과 워딩만이 시장을 지배할 수 있다.
- 상품은 망해도 살아 있는 워딩은 영원히 기억된다.
- 불분명한 워딩은 100% 망한다. 분명하고 또렷해야 힘을 발휘한다.
- 사람들은 익숙한 것에는 더 이상 눈길을 주지 않는다. 익숙한 것으로는 이길 수 없다.
- 말이 길면 지저분해진다. 노른자만 남기고 다 버려라. 단순할수록 전달력이 강해진다.

- 메시지는 직접적이어야 한다. 조금이라도 고민하거나 한 번 더 생각할 틈을 주면 안 된다.
- 보이는 대로, 들리는 대로, 느끼는 대로 곧장 뇌까지 메시지가 올라가 박혀야 한다.
- 비즈니스 언어가 아니라 고객의 언어를 써라.

부록 1. 기획서 가치 10배 높이는 단계별 질문 체크리스트

1단계 목적 / 방향	• 하나의 질문, 하나의 목표가 명확한가? • 게임의 룰을 바꿀 수 있는 질문? • 질문의 수준이 기획의 질을 결정한다. • 좋은 질문이 좋은 기획을 만든다. • 기획은 질문으로 시작해서 질문으로 끝난다.
2단계 컨셉 및 차별화 핵심 제안 / 메세지	• 단 하나의 핵심 개념은? • 거절할 수 없는 제안인가? • 새로운 다른 관점은 없을까? • 가치를 묻는다. 더 깊은 근원을 묻는다. • 과거에서 미래를 묻는다. 오랫동안 믿어 온 진실을 의심한다.
3단계 구조 / 논리	• 목표와 결론이 논리적으로 연결되는가? • 1+3원칙에 부합하는가? • 단순하게 더 단순하게! • '시작의 이유', '나아갈 방향', '얻고자 하는 결과'를 논리적으로 구조화한다.
4단계 워딩 디자인	• 은유적 헤드카피인가? • 결정적 한마디인가? • 한눈에 반할만한가? • 상대방의 언어로 말하듯이 • 중언부언 군더더기 없애고 짧은 한마디로 요약하기 • 단순하고 쉬운 단어, 고급진 은유법 활용
5단계 기획서 다듬기	• 기획에서 가장 힘든 것은? 될 때까지 고쳐쓰기! • 만족할 때까지 '다시!' • 모든 글은 초안이 10%라면, 다듬기가 90%다.

1단계. 목적과 방향

질문의 방향이 올바른가?

답이 아니라 질문을 찾아야 한다.

어떤 답을 얻을 것이냐는 어떤 질문을 던지느냐에 달렸다.

관점이 다른 질문일수록 힘은 더 강력해진다.

관점이 다른 질문은 생각을 뒤집는 것이다.

원하는 결과는 수많은 뒤집기 과정을 거친 후에 만들어진다.

익숙한 길에서는 상식적 결과밖에 얻을 수 없다.

질문은 발견과 통찰의 씨앗이다. 질문이 생각을 만들고,

다른 생각은 다른 컨셉을 만들고, 차별화된 컨셉은 기획서에 생명을 불어넣는다.

하나의 기획서는 하나의 질문에 정확한 하나의 답을 연결하는 것이다.

초점은 단 하나의 목표이며, 남들이 발견하지 못한 과녁을 찾아내는 것이 질문이다.

주제	Check Point	Check
본질과 목적	주어진 과제의 궁극적인 목표는 무엇인가?	
	우리 제안의 핵심 가치는?	
	내 기획서의 클라이언트는 누구인가?	
	그들이 밤잠을 설치며 걱정하고 있는 문제는 무엇인가?	
	그들이 나의 제안을 왜 사는 것인가?	
	그들이 가장 분노하고 불안함을 느끼고 있는 문제는 무엇인가?	
	그들이 가장 열망하고 있는 것은 무엇인가?	

올바른 목표 / 방향	결론, 해결책은 무엇인가?	
	게임의 룰을 어떻게 바꿀 수 있을까?	
	목표를 이루기 위해 가장 먼저 해야 할 일은?	
	거시적 최우선순위는 무엇인가?	
하나의 질문 하나의 목표	도대체 문제의 핵심은 무엇인가?	
	무엇을 해결해야 되는가?	
	모든 것을 제쳐 둘 수 있는 가장 중요한 것은 무엇인가?	
	모든 것을 채워줄 수 있는 가장 중요한 가치는 무엇인가?	
	모든 문제를 해결해 줄 수 있는 핵심 열쇠는 무엇인가?	
	모든 것을 걸 수 있는 단 하나의 목표는 무엇인가?	

2단계. 컨셉 및 차별화, 핵심 제안

본질 위에 다름이 입혀졌나?

가치를 묻는다. 더 깊은 근원을 캐내야 한다.

현재에서 미래가 아니라, 미래에서 현재를 물어야 한다.

오랫동안 믿어 온 진실을 의심하라.

정말 그러한가?

사고의 유연성이란 어느 한곳에 갇혀 있지 않고 자유로운 것을 의미한다.

상식, 통념, 관행에 '왜?'라는 비수를 들이대라.

게임의 룰을 바꾸려면 질문을 바꾸면 된다.

질문을 바꾸면 관점이 바뀌고, 관점이 바뀌면 게임의 룰이 바뀐다.

'관점의 전환'이란 보는 시각을 다양화한다는 뜻이다.

어떤 사물을 놓고 360도 방향에서 바라보는 것, 그것이 바로 관점의 전환이다.

거절할 수 없는 제안이란,

상대방의 본능적 욕구, 즉 DNA에 딱 맞는 제안을 말한다.

사람들은 자신의 욕망을 자극받을 때 반응한다.

상대방이 받아들일 수밖에 없는 이익을 분명하게 제시하는 것이

나의 제품이나 서비스의 차별화된 정체성을 구축하는 제안이며,

비즈니스의 정체성이자 지속적인 성장을 이끌어 가는 핵심 동력이다.

주제	Check Point	Check
컨셉 / 패러다임의 차별화	단 하나의 핵심 개념은?	
	뭐가 다르지? 큰 차이를 만드는 다름인가?	
	쉽고 단순한가?	
	유일무이한 어떤 이익을 주는가?	
	상대방이 가장 중요하게 판단하는 기준에 부합하는가?	
	폭발적인 열광을 얻을 수 있는 포인트는 무엇인가?	
	경쟁우위를 위해 제거하거나 결합시켜볼 수 있는 것은 무엇인가?	
	이질적인 무엇을 창조적으로 재연결했나?	
	무엇이 최고 / 최초 / 유일한가?	
	고정관념을 깨는 황당함의 요소는 무엇인가?	
	'말도 안 되는' 다른 생각은?	
	만일 다른 양념을 섞으면 맛은 어떻게 바뀔까?	

핵심 제안	상대방의 니즈를 정확히 포착했나?	
	거절할 수 없는 제안은 무엇인가?	
	무조건 'Yes'로 만들 수 있는 첫 제안은?	
	요약은 잘 되었나? 쉽게 이해가 되는가?	
	가치의 교환, 시너지, win-win 이 성립하는가?	
	과감하게 금기를 건드리는가?	
	질문을 활용하는가?	
	상식을 이기는 비상식적 요소가 있는가?	
	대안을 제시하고 있는가?	
	나라면 O.K! 할까?	

3단계. 구조와 논리

무조건 지켜야 할 기획의 절대 원칙 3가지!

-구조 먼저, 논리 나중!

-구조는 단순하게, 더 단순하게!

-내 주장과 논리보다 그의 생각이 10배 더 중요하다!

생각을 단순화시켜라. 단순한 언어가 힘이 있다.

단순한 실행 전략이 아니면 팀의 시너지를 만들 수 없다.

모든 구조는 1+3의 원칙에서 만들어진다.

-선 결과(1) + 후 근거, 원인(3)

-선 의사결정(1) + 후 필요 행동(3)

-하나의 핵심 + 나머지 전체를 3개로 그루핑

290

what + 3why + if + how 프로세스를 활용한다.

-1what + 3why

1what: 문제를 정의하고

3why: '시작의 이유 + 나아갈 방향 + 얻고자 하는 결과'를 동시에 점검할 수 있다.

-If + how

if: 패러다임을 바꿀 수 있는 상상력

how: 핵심 과제를 실행할 수 있는 구체적인 전략

주제	Check Point	Check
구조	1+3 원칙에 부합하는가? - 선 결과(1) + 후 근거, 원인(3) - 선 의사결정(1) + 후 필요행동(3) - 하나의 핵심 + 나머지 전체를 3개로 그루핑	
	서두에 핵심 요약이 명확하게 제시되었나? (두괄식 구조)	
논리	[해법 및 제안 -> 이유 및 상황설명 -> 결론] 프로세스 인가?	
	목표와 결론이 논리적으로 연결되는가?	
	가장 중요한 핵심 가치를 중심으로 논리가 구성되어 있는가?	
	미래를 정확히 예측하였나?	
	말하듯이 일목요연하게 정리되어 있는가?	
실행 전략	과제를 성공적으로 추진할 수 있는 사람들로 팀이 구성되었나?	
	추진 일정은 무리가 없는가?	
	다각적인 대체안을 검토하였는가?	
	문제점과 해결 방안이 명확한가?	
	자사의 강점과 기회요인들이 최대한 강조되었는가?	
	예산과 지원 시스템은 프로젝트를 실행하기에 문제가 없는가?	

4단계. 워딩 디자인

똑떨어지는 워딩은 단지 내용을 줄여 쓰는 게 아니다.

한눈에 마음을 사로잡으려면 의도와 맥락에 꼭 맞는 결정적 한마디를 써야 한다.

이 결정적 한마디가 호기심을 자극하고 마음을 열어 주고 클릭하게 만든다.

오직 상대방이 원하는 '바로 그것'을 자극하는 한마디여야 한다.

은유는 전혀 이질적인 것에서 동질성을 발견하는 것이다.

은유야말로 창의와 창조의 원천이며, 인간이 상상력의 영토를 확장하는 방법이다.

-핵심 내용을 가장 먼저 쓰기

-고객의 언어로 말하기

-한 문장에 하나의 메시지 담기

-군더더기 없애기

-메시지에서 벗어난 곁가지 가차 없이 쳐내기

-중언부언은 단호하게 빼고 핵심을 흐리는 어정쩡한 표현도 삭제하기

-긴 설명은 짧은 한마디로 요약하기

-복잡하고 어려운 단어보다는 단순하고 쉬운 단어를 선택하기

-가급적 형용사, 부사를 생략하고 동사를 활용하기

-고급진 은유법 사용하기

주제	Check Point	Check
헤드카피 / 서브 카피	흡입력, 설득력, 한눈에 반할만한가?	
	헤드 카피만으로 핵심 내용을 이해하기 쉬운가?	
	고급진 은유를 활용하는가?	
	차별화된 컨셉을 확실히 표현하는가?	
	나의 목적, 목표를 정확히 드러내고 있는가?	
	클라이언트의 관점에 부합하는가?	
	각 제목마다 서브 카피를 적용하는가?	
메시지	독자의 이기심, 욕구, 본능을 자극하는가?	
	독자의 관심과 주의를 집중시키는가?	
	확실한 신뢰와 보증을 하는가?	
	놀라운 힘을 발휘하는 단어들을 사용하는가?	
	목표고객에게 주는 약속을 포함하고 있는가?	
	숨겨진 이점이나 가치를 최대한 어필하는가?	
	의사결정을 하도록 강력한 동기를 부여하는 표현인가?	
	끝까지 읽도록 만드는 강력한 미끼가 있는가?	
	부정적 표현을 사용하고 있지는 않은가?	
	불리한 점을 고백하되, 강점을 확실히 강조하는가?	
	꼭 찍어서 단 한 명에게 말하는 것 같은가?	
	왜 그렇지 않은지 이유를 설명하는가?	

5단계. 기획서 다듬기

"기획을 하면서 가장 힘든 점이 무엇입니까?"

컨셉 설정, 차별화, 카피 작성, 구조와 논리 만들기, 워딩 디자인….
어느 것 하나 만만한 것이 없다.
생각을 정리하고 글을 써야 하는데 막막하고 정리가 안 될 때도 있다.

하지만 가장 힘들 때는 며칠을 고민하며 만든 기획서가 퇴짜 맞을 때다.
뭐가 문제인지 내 눈에는 안 보인다. 그러나 다른 사람의 눈에는 잘 보인다.

해결 방법은 기획서를 다 쓰고, 반복적으로 검토하는 것이다.
'잘 쓴 글은 잘 고쳐쓴 글'이라는 말이 있다.
글쓰기에서 초안이 10%라면 고쳐쓰기는 90%에 해당한다.
기획은 초안을 만드는 것도 중요하지만 다듬기가 더 중요하다.
다듬는 시간은 초안을 쓰는 시간의 3배 이상 걸려야 한다.
그래야만 좋은 기획으로 업그레이드된다.

헤밍웨이는 "모든 글쓰기는 고쳐쓰기"라고 말했다.
모든 인생도 성공도 고쳐쓰기가 답이다.

처음부터 잘 되는 일은 거의 없다. 그래서 '될 때까지 다시!'
인생은 어느 순간에도 다시 시작할 수 있다.

주제	Check Point	Check
핵심 질문	기존의 통념에 갇히지 않고, 다른 방향이나 관점으로 확장하는 질문인가?	
	창의력과 상상력을 자극하는 질문인가?	
	서로 다른 것들을 연결-융합하는 이종 결합을 유도하는 질문인가?	
	왜? 왜? 왜?를 이어가는 질문을 했나?	
	보이지 않고 표현되지 않은 의미나 맥락, 시사점을 묻는 질문을 했나?	
	외부의 자료나 아이디어를 어떻게 적용할 것인가?	
	지혜와 통찰력을 얻기 위한 질문을 했나?	
스토리	스토리보드의 핵심 메시지는 간결하고 명확한가?	
	정확한 핵심 키워드를 사용하였는가?	
	구성과 흐름이 자연스러운가?	
	객관적인 설득력이 있는가?	
메시지 / 워딩	네이밍, 타이틀은 참신하고 매력적인가?	
	카피는 뇌리에 딱 꽂히며 충동을 유발하는 한마디인가?	
	슬로건에 나의 의지와 신념이 담겨 있는가?	
	노른자만 남기고 다 버렸나?	
	기획에 담긴 본질적 가치를 정확하게 드러내는가?	
	주어가 '나'인가? 아니면 '상대방'인가?	
도식 / 도표	정보의 성격(양, 변화 추세, 분포)에 맞는 그래프 유형을 사용하였나?	
	비교를 통해 전후좌우 상황을 한눈에 충분히 이해할 수 있나?	
	시각적으로 단순 명료한가?	
	구체적인 수치가 신뢰성을 확보하고 있나?	
	데이터에 담긴 핵심 메시지를 정확히 해석해 주고 있나?	

관련 자료 보완	양보다 질! 꼭 필요한 자료만 선택하였나?	
	업계 동향 성장률, 관련 사업 동향, 시장 규모 등 최신 상황을 반영하는 자료인가?	
	미래를 예측하는 데 도움을 줄 수 있는 자료인가?	
	자료를 통해 강력한 신뢰감을 주는가?	
PPT 디자인 기획 및 컨셉	PPT 디자인은 기획서의 가치와 직결된다. 가급적이면 디자인 전문가의 도움을 받는 것이 좋다.	

[예시 1. 투자 유치를 위한 IR 제안서]

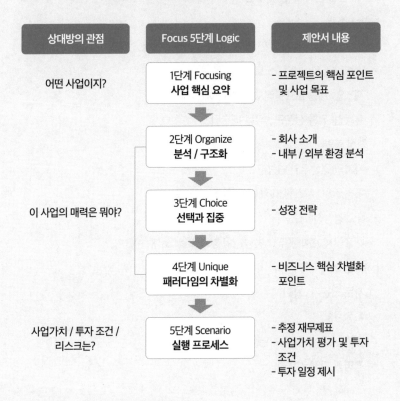

상대방의 관점	Focus 5단계 Logic	제안서 내용
어떤 사업이지?	**1단계 Focusing** **사업 핵심 요약**	- 프로젝트의 핵심 포인트 및 사업 목표
	2단계 Organize **분석 / 구조화**	- 회사 소개 - 내부 / 외부 환경 분석
이 사업의 매력은 뭐야?	**3단계 Choice** **선택과 집중**	- 성장 전략
	4단계 Unique **패러다임의 차별화**	- 비즈니스 핵심 차별화 포인트
사업가치 / 투자 조건 / 리스크는?	**5단계 Scenario** **실행 프로세스**	- 추정 재무제표 - 사업가치 평가 및 투자 조건 - 투자 일정 제시

IR 제안서는 투자 유치자와 투자자 모두 윈-윈할 수 있는 전략을 제시해야 한다.
투자 유치자는 투자 자금 조달을 통해 미래에 성장을 추진할 수 있는 역량을 확
보하고, 투자자는 투자 수익을 극대화할 수 있다는 믿음을 보여주어야 한다.

1단계. 단 하나의 질문과 목표

- 프로젝트의 핵심 포인트를 질문형 한 문장으로 작성하기
- 사업 목표를 대답 형식으로 짧게 요약하기

2단계. 환경 분석 및 논리 구성

1. 회사 소개

회사의 비전, 자사 소개 및 연혁(대표이사, 설립일, 주소 등, 연혁은 이슈 중심으로 제시)

- 사업 영역 및 비즈니스 모델

  -제조업: 제품 포트폴리오 및 개발 예정 제품

  -유통업: 유통 상품군 / 유통 네트워크

- 핵심 역량

  -자사의 경쟁우위 역량

  -특허, R&D 시스템, 마케팅 및 유통 역량 등

- 주요 경영진 및 조직

  -대표이사 포함한 주요 경영진의 경력, 이력 소개

  -사업 조직 구조

  -자문 전문가 그룹

- 주주 현황

  -총 자본금, 주주명, 지분율 등

  -경영권 지배구조 설명

2. 내/외부 환경 분석

- 내부 역량 분석

  -시장 점유율, 고객(회원) 수 등 시장 성과 지표 제시

  -경쟁사와 실적 자료를 비교 분석함으로써 자사의 경쟁 역량 근거 제시

-스타트업의 경우는 사업을 성공시킬 수 있는 자사의 핵심 경쟁력, 핵심 아이
　　디어 제시
- 외부 환경 분석
　　-산업 분석: 산업의 트렌드를 바탕으로 경쟁자 및 대체자의 위협 요소 분석
　　-시장 분석: 시장 규모, 성장률, 시장 동향, 트렌드, 성장 요인 등 사업에 영향을
　　줄 수 있는 요소 분석
　　-경쟁자 분석: 경쟁자들의 강점과 약점 분석
　　-고객 분석: 고객들의 현재 니즈와 미래 트렌드 분석
　　-기술 분석: 사업에 영향을 미칠 수 있는 핵심 기술 설명

3단계. 최선의 방안 선택

- 성장 전략
　　-앞 단계의 내외부 분석을 바탕으로 전략의 선택과 집중
- 사업 진행 일정
　　-주요 이슈별로 향후 사업 일정 제시
　　-마케팅 / R&D / 생산 / 조직 운영 등

4단계. 패러다임의 차별화

- 비즈니스 핵심 차별화 포인트
　　-환경 분석, 사업 전략, 자금 계획을 총망라하여 이 사업이 성공할 수밖에 없는
　　이유 제시
　　-핵심적 차별화 포인트를 압축하여 설명

5단계. 실행 프로세스

- 추정 재무제표

-매출 계획 / 투자 계획 / 추정 손익계산서 / 추정 대차대조표 / 추정 현금흐름표

-향후 3~5년간의 자금 흐름을 보여 줌

· 사업 가치 평가 및 투자 조건

-투자 유치 기업이 투자자에게 투자금 대비 회수되는 자금 가치를 제시

-투자 금액에 대한 조건, 수익성 제시

· 투자 일정 제시

[예시 2. 제휴 제안서]

상대방의 관점	Focus 5단계 Logic	제안서 내용
왜 제휴를 하지?	1단계 Focusing **제휴 목적 및 목표**	- 제휴를 통한 시너지 목표 설정
우리에게 무슨 이득이 있지?	2단계 Organize **분석 및 제휴 논리 구성**	- 자사 소개 - 자사와 제휴 후보자의 니즈 분석 - 기존 사업과의 시너지 분석 - 자사와 제휴 후보자의 핵심 역량 및 경쟁력 분석
어떤 방식으로 제휴를 하나?	3단계 Choice **최선의 방안 선택**	- 교환할 제휴 내용 정의
시너지 효과를 가장 크게 높이려면?	4단계 Unique **패러다임의 차별화**	- 시너지 효과 극대화 전략
제휴 조건과 진행 일정은?	5단계 Scenario **실행 프로세스**	- 제휴 프로그램 제안

제휴 제안서는 제휴를 통해 두 회사의 시너지를 극대화할 수 있음을 설득력 있는 논리로 설명하는 것을 목표로 한다. 제안자는 자신의 핵심 역량을 설득력 있게 설명하고, 핵심 역량을 뒷받침할 수 있는 근거를 제시한다. 모든 기획서와 마찬가지로 철저하게 상대방의 관점에서 생각하는 것이 포인트이다.

1단계. 제휴 목적 및 목표

- 제휴를 통한 시너지 목표 설정
  - 두 회사가 제휴를 통해 얻을 수 있는 목표 제안

2단계. 분석 및 제휴 논리 구성

- 자사 소개
  - 자사 소개 및 연혁 (대표이사, 설립일, 주소 등, 연혁은 주요 이슈 중심으로 제시)
- 핵심 역량
  - 자사의 경쟁우위 역량
  - 특허, R&D 시스템, 마케팅 및 유통 역량 등 핵심 역량
- 자사와 제휴 후보사의 니즈 분석
  - 제휴 후보사의 기존 사업과 시너지 효과가 있어야 함
  - 사업을 추진할 수 있는 핵심 역량과 경쟁력을 고려함
  - 제휴 사업의 매력도가 높아야 함
- 기존 사업과의 시너지 분석
  - 제휴 사업의 매력도를 성장성, 확장성, 수익성 등 다각도로 분석
  - 자사와 제휴 후보사의 핵심 역량 및 경쟁력 분석
  - 제휴 사업의 경쟁력에 대하여 신뢰도, 시스템 구축 및 운영, 콘텐츠 확보, 마케팅 역량, 제조 역량 등 다각도로 분석

3단계. 최선의 방안 선택

• 교환할 제휴 내용 정의

  -협력한 제휴 내용 구체적으로 명시

4단계. 패러다임의 차별화

• 시너지 효과 극대화 전략

  -제휴를 통해 두 회사가 얻게 될 차별화된 경쟁우위를 구축할 수 있는 전략 제시

5단계. 실행 프로세스

• 제휴 프로그램 제안

  -제휴 방식, 업무 분장, 수익 배분, 제휴 기간, 사업 지역, 제휴 추진 일정 등을
  구체적으로 제시

이 책의 모든 독자님들을
포커스포럼에 초대합니다.

최고 수준의 기획 전문가가 되고 싶은가요?
기획자들의 커뮤니티에서 함께 공부하며 노하우를 공유하고 싶지 않으세요?
내 기획서의 가치를 10배 높여 줄 전문가의 도움이 필요하세요?
새 프로젝트를 어떻게 기획해야 성공할 수 있을지 코칭이 필요하신가요?

포커스포럼은 망망한 비즈니스의 바다에서
각 분야의 최고 전문가들과 함께 배우며 가르치며 노하우를 공유하는
비즈니스 지식 커뮤니티입니다.

나의 기획서는 어느 정도의 가치가 있을까요?
하나의 기획서는 엄청난 비즈니스를 만들기도 있지만
반대로 아무것도 아닌 것이 될 수도 있습니다.
단어 하나가 그 차이를 만들 수도 있습니다.

포커스포럼에 들어오시면 모든 것이 해결됩니다.
함께 하면 시너지를 만들 수 있습니다.

포커스포럼

www.theplanning.kr
E-mail : focusforum1@gmail.com
m.p : 010-4313-9575

좋은 질문은 사람들을 생각하게 하고,
전에는 발견하지 못했던 새로운 답을 드러나게 한다.